Don Piper / Cecil Murphey

90 Minuten im Himmel
Für junge Leser

Über die Autoren

Don Piper ist seit über 20 Jahren Pastor, außerdem ist er als Redner und Autor aktiv. Über seine Geschichte wurde in zahllosen Zeitungs- und Zeitschriftenartikeln berichtet. Sein erstes Buch „90 Minuten im Himmel" wurde weltweit zum Bestseller. Don Piper hat drei erwachsene Kinder und lebt mit seiner Frau in Texas.

Cecil Murphey ist Autor und Ko-Autor von mehr als 90 Büchern. Unter anderem hat er an der Autobiographie von Franklin Graham mit dem Titel „Wenn man einen berühmten Vater hat …" mitgeschrieben.

Don Piper
Cecil Murphey

90 Minuten im Himmel

Erfahrungen zwischen Leben und Tod

Für junge Leser

FSC
Mix
Produktgruppe aus vorbildlich
bewirtschafteten Wäldern und
anderen kontrollierten Herkünften

Zert.-Nr. SGS-COC-1940
www.fsc.org
© 1996 Forest Stewardship Council

Verlagsgruppe Random House FSC-DEU-0100
Das FSC-zertifizierte Papier *Holmen Book Cream* für dieses Buch
liefert Holmen Paper, Hallstavik, Schweden.

Die amerikanische Originalausgabe
erschien im Verlag Revell, a divion of Baker Publishing Group,
unter dem Titel „90 Minutes in Heaven. My true story".
© 2004, 2009 by Don Piper
© der deutschen Ausgabe 2010 by Gerth Medien GmbH, Asslar,
in der Verlagsgruppe Random House GmbH, München
Aus dem Englischen übersetzt von Thorsten Krämer.

1. Auflage 2010
Bestell-Nr. 816 499
ISBN 978-3-86591-499-6

Umschlagfoto: Edward McCain
Umschlaggestaltung: Immanuel Grapentin
Satz: Mirjam Kocherscheidt; Gerth Medien GmbH
Druck und Verarbeitung: GGP Media GmbH, Pößneck
Printed in Germany

Für meine Kinder
Nicole, Christopher und Joseph

Inhalt

Vorwort	9
Prolog	13
1 Der Unfall	14
2 Meine Zeit im Himmel	18
3 Die Musik des Himmels	25
4 Vom Himmel auf die Erde	29
5 Rückkehr zur Erde und Fahrt ins Krankenhaus	34
6 Die Heilung beginnt	40
7 Schwierigkeiten und Entscheidungen	47
8 Die Schmerzen und mein neues Leben	51
9 Nachhilfeunterricht im Fach „Dankbarkeit"	57
10 Wieder in der Gemeinde	67
11 Meine Berufung, vom Himmel zu erzählen	79
12 Die Hand, die mich hielt	88
13 Eine neue Normalität	92
14 Wozu um alles in der Welt lebe ich?	105
15 Einen Sinn im Leben finden	134
16 Sehnsucht nach zu Hause	149
17 Die Frage nach dem Warum	155

Vorwort

Ich liebe junge Leute, weil sie so voller Leben sind. Ihnen steht die Welt noch offen. Sie sind die geborenen Entdecker. Und du bist einer von ihnen!

Nach unserer Ankunft auf dieser Erde entdecken wir Menschen recht bald, dass wir hier nicht ewig bleiben können. Ein Klassenkamerad stirbt. Die Oma geht von uns. Vielleicht verlieren wir sogar einen Bruder oder eine Schwester – oder die Mutter. So ist es den beiden Schwestern Riley und Tyler Knight ergangen. Rileys und Tylers Eltern wollten noch zwei weitere Kinder haben, aber diese Kinder haben nicht überlebt. Ihre Eltern, Deidre und Jud Knight, sind meine Agenten, die mir dabei helfen, meine Bücher zu veröffentlichen, auch dieses hier, das du gerade in den Händen hältst.

Vor nicht allzu langer Zeit waren mein Sohn Chris und ich mit der Familie Knight in einem Hotel in Florida verabredet. Wir wollten über die neuen Bücher sprechen, an denen ich schreibe. Auf dem Weg zu dem Treffen begegneten Deidre und Riley im Aufzug einem Prominenten, dem Komiker Chris Rock. Riley war ganz aus dem Häuschen, solch eine berühmte Persönlichkeit zu treffen.

Als Riley aus dem Aufzug kam, schwirrten ihr die Fragen im Kopf herum, die sie mir stellen wollte. Ihre Mutter hatte ihr von meinem Buch „90 Minuten im Himmel" erzählt, das ich vor ein paar Jahren geschrieben habe. Nachdem sie mit mir gesprochen hatte, erklärte sie: „Ich bin heute zwei berühmten Leuten begegnet – Chris Rock und Don Piper!"

Na ja, Chris Rock ist berühmt. Was mich angeht, bin ich mir da nicht so sicher. Dafür ist mir etwas widerfahren, was Chris Rock nicht vorweisen kann. Ich bin gestorben und in den Himmel gekommen. Und dann wieder auf die Erde zurückgekehrt!

Weil ich im Himmel gewesen war, wollte Riley natürlich von mir wissen, wie es dort so ist. Wir frühstückten zusammen und ich erzählte ihr von den vielen wunderbaren und erstaunlichen Dingen, die ich gesehen hatte. Ich versprach ihr, dass sie eines Tages dort auch ihre Geschwister sehen würde, die sie hier auf der Erde nicht kennenlernen konnte.

Ich bekomme sehr viele Briefe, Anrufe und E-Mails von Kindern und Jugendlichen, die mehr über den Himmel erfahren wollen. Viele von ihnen haben schon Freunde oder Verwandte verloren. Diese jungen Leute wollen wissen, ob sie ihre Lieben wiedersehen werden. Sie wollen wissen, was sie im Himmel erwartet, wenn sie eines Tages dorthin kommen. In diesem Buch habe ich versucht, Antworten auf diese Fragen zu geben.

Aber junge Leute fragen mich in der Regel nicht nur nach dem Himmel. Viele von ihnen haben schon Rat bei mir gesucht und mich gefragt, wie sie ihren Freunden helfen können oder kranken Menschen, die ihnen am Herzen liegen. Manche wenden sich auch mit ihren schulischen Problemen an mich. Und wieder andere haben Angst, dass ihre Eltern sich scheiden lassen oder mit dem Geld nicht auskommen. Ein Zwölfjähriger schrieb mir neulich einen Brief, in dem er vom „Glauben in schweren Zeiten" sprach.

Oft sind es traurige Briefe. Aber jeder, egal wie alt er oder sie ist, braucht Hoffnung. Dieses Buch will dir Hoffnung machen – Hoffnung auf das ewige Leben und Hoffnung auf ein besseres Leben hier auf der Erde!

Gott hat mich mit tollen Eltern, einer schönen Frau, drei fabelhaften Kindern und einer noch ganz kleinen Enkeltochter namens Carlee gesegnet. Ich habe Geschwister und viele Freunde. Ich liebe diese Menschen, mit denen ich hier auf der Erde zusammen sein darf, aber noch mehr freue ich mich darauf, eines Tages mit ihnen im Himmel vereint zu sein. Und auch wenn du und ich uns noch nicht kennen, freue ich mich darauf, dich irgendwann dort zu treffen.

Beim Lesen dieses Buches wirst du feststellen, dass ich nach meinem Tod deshalb in den Himmel kam, weil ich den Weg dorthin kannte. Jesus ist der Weg! Ich nahm Jesus als meinen Erlöser an – zu einem Zeitpunkt, an dem ich nicht sehr viel älter war als du jetzt. Ich habe mit eigenen Augen gesehen, dass es im Himmel kein Leid, keine Einsamkeit, keine Traurigkeit, keine Tränen, keine Dunkelheit und kein Versagen gibt. Der Himmel ist ein vollkommener Ort. Es wird dir dort gefallen. (Riley Knight, wir werden uns dort wiedersehen, und wir treffen auch deine anderen Geschwister, die Gott ebenfalls lieb haben.)

Ja, es gibt den Himmel wirklich! Und Jesus ist der Weg dahin.

Don Piper
März 2009

Prolog

Ich starb am 18. Januar 1989.

Innerhalb von wenigen Minuten waren Sanitäter am Unfallort. Sie fanden bei mir keinen Puls und erklärten mich für tot. Deshalb deckten sie mich mit einer Plane zu, damit mich die Schaulustigen nicht sahen, und kümmerten sich um die anderen Verletzten. Ich nahm weder die Sanitäter noch irgendetwas anderes um mich herum wahr.

Direkt nach meinem Tod kam ich in den Himmel.

Während ich im Himmel war, kam ein Prediger an den Unfallort. Obwohl er wusste, dass ich tot war, eilte er zu meinem leblosen Körper und betete für mich. Auch der Spott der Sanitäter konnte ihn nicht davon abhalten.

90 Minuten, nachdem die Sanitäter mich für tot erklärt hatten, erhörte Gott das Gebet dieses Mannes.

Ich kehrte auf die Erde zurück.

Dies ist meine Geschichte.

1 Der Unfall

Im Januar 1989 nahm ich an einer landesweiten Pastorenkonferenz teil.

Die Konferenz begann an einem Montag und sollte bis Mittwoch dauern. Am Dienstagabend machte ich mit einem Freund einen langen Spaziergang. Wir liefen ungefähr eine Stunde lang, trotz des kalten, regnerischen Wetters. Mein Freund kann sich noch gut daran erinnern. Ich auch, aber aus einem anderen Grund: Es sollte das letzte Mal sein, dass ich normal laufen konnte.

Am Mittwochmorgen wurde das Wetter noch schlechter; Dauerregen setzte ein. Ich hatte schon am Abend zuvor gepackt, mein Gepäck lag bereits in meinem roten Ford Escort. Gleich nachdem die Konferenz vorbei war, verabschiedete ich mich von all meinen Freunden und setzte mich in meinen Wagen, um mich auf den Rückweg zu der Gemeinde zu machen, in der ich als Pastor angestellt war.

Als ich den Motor startete, fiel mir ein, dass ich drei Wochen zuvor einen Strafzettel bekommen hatte, weil ich unangeschnallt gefahren war. Ein Polizist hatte mich erwischt. Bis zu diesem Zeitpunkt war ich immer ohne Gurt gefahren, aber danach hatte ich meine Gewohnheit ganz schnell geändert.

Also schnallte ich mich an. Später sollte sich herausstellen, dass das eine ziemlich bedeutsame Entscheidung für mich war. Ich startete den Motor und dachte kurz nach. Für den Nachhauseweg gab es nämlich zwei mögliche Strecken, die beide ungefähr gleich lang sind. An diesem Morgen beschloss ich, die Schnellstraße zu nehmen.

Ich habe seitdem oft über die Wahl dieser Strecke nachgedacht. Es ist erstaunlich, wie wenig wir über kleine, scheinbar nebensächliche Entscheidungen nachdenken. Aber selbst die kleinsten Entscheidungen können zu schwerwiegenden Folgen führen – so wie in meinem Fall.

Ich war noch nicht lange unterwegs, bis ich an den Livingston-See kam, an einen großen, schönen See. Am Ufer des Sees ist ein Damm gebaut, auf dem eine zweispurige Straße entlangführt. Sie liegt direkt am Wasser und ist sehr schmal. Mir stand also ein gutes Stück Fahrt auf dieser schmalen Straße bevor.

Am Ende des Damms befindet sich eine Brücke, und direkt danach steigt die Straße sehr steil an. Diese Brücke war nicht ungefährlich, und später erfuhr ich, dass dort schon mehrere Unfälle passiert waren.

Der Dauerregen hatte mittlerweile sintflutartige Ausmaße angenommen. Um 11:45 Uhr – ich hatte beinahe das östliche Ende der Brücke erreicht – kam ein mir entgegenkommender Sattelzug vom Weg ab und stieß frontal mit meinem Wagen zusammen. Der Lkw quetschte mein Auto zwischen dem Brückengeländer und der Fahrerseite des Lasters ein.

Die Räder des Lasters landeten auf dem Dach meines Fords, wodurch das Auto auch von oben zusammengedrückt wurde.

Ich kann mich nur an Bruchstücke des Unfalls erinnern, deswegen stammen die meisten meiner Informationen über den Unfall von Augenzeugen und dem Polizeibericht. Die Zeugen haben mir später berichtet, dass der Lkw dann noch auf die andere Seite der schmalen Brücke geschleudert wurde und dort zwei weitere Autos mitgenommen hat. Deren Fahrer kamen mit einem Riesenschreck und kleineren Schnittwunden und Prellungen davon.

Der Lkw soll, wie im Polizeibericht stand, ziemlich schnell gefahren sein, sodass die Wucht des Aufpralls sehr heftig war. Ich fuhr zu dem Zeitpunkt gerade mit circa 80 Kilometern pro Stunde, der Truck hatte ein wesentlich höheres Tempo drauf.

Der Fahrer des Lasters hatte nach dem Unfall keinen einzigen Kratzer. Auch der Lkw war nur leicht beschädigt. Mein Ford dagegen war eingeklemmt und von der Straße gestoßen worden. Nur das Brückengeländer hatte einen Sturz in den See verhindert.

Der Krankenwagen kam innerhalb weniger Minuten. Jemand untersuchte mich, fand keinen Puls und erklärte, ich sei sofort tot gewesen.

Ich habe keine Erinnerung an den Zusammenstoß oder an irgendetwas, das danach geschah. Ich starb in einem einzigen Augenblick.

Meine Zeit im Himmel

Als ich starb, war es nicht so, als würde ich langsam verschwinden. Ich hatte nie das Gefühl, dass mein Körper fortbewegt wird. Ich hörte auch keine Stimmen, die nach mir riefen. Im selben Moment, in dem ich zuletzt die Brücke und den Regen vor mir sah, umhüllte mich ein Licht, dessen Strahlen alles übertraf. Sonst nichts.

Als ich das nächste Mal wieder bei Bewusstsein war, stand ich im Himmel.

Eine Freude erfüllte mich, als ich mich umsah. Mir fiel eine große Menschenmenge auf, die vor einem leuchtenden, geschmückten Tor stand.

Viele Menschen eilten mir entgegen. Jesus sah ich zwar nicht, aber ich erkannte Leute wieder, die ich gekannt hatte. Als sie näher kamen, wurde mir klar, dass sie alle vor mir gestorben waren, als ich noch auf der Erde war. Es schien mir ganz selbstverständlich zu sein, dass ich all diese Menschen nun wiedersah.

Jeder Einzelne lächelte und lobte mit lauter Stimme Gott. Auch wenn niemand das aussprach, verstand ich, dass es sich um mein Begrüßungsteam handelte. Es sah so aus, als hätten all diese Menschen vor der Himmelspforte auf mich gewartet.

Die erste Person, die ich erkannte, war mein Großvater. Er sah genauso aus, wie ich ihn in Erinnerung behalten hatte: mit weißem Haar und seiner „Bananennase" (seine krumme Nase hatte ich immer mit einer Banane verglichen). Er blieb vor mir stehen, mit einem dicken Grinsen im Gesicht.

„Donnie!" (So hat mich mein Großvater immer genannt.) In seinen Augen blitzte es, er breitete die Arme aus und hielt mich fest. Er war genau wie früher: stark, zuverlässig, so, wie ich ihn in meiner Kindheit erlebt hatte.

Ich weiß nicht mehr genau, wer als Nächster vor mir stand. Alle umringten mich. Einige nahmen mich in den Arm und küssten mich auf die Wange, andere drückten mir die Hände. Ich hatte mich noch nie so geliebt gefühlt.

Zu der Begrüßungsmannschaft gehörte auch Mike Wood, mein Schulfreund. Das Besondere an Mike war, dass er es war, der mich in die Sonntagsschule eingeladen und damit einen großen Einfluss auf meine Entscheidung für Jesus gehabt hatte.

Mike liebte Jesus so wie keiner, den ich sonst kannte. Er war sehr beliebt und schaffte es vier Jahre hintereinander in die Football-, Basketball- und Leichtathletikmannschaft. Er wurde für mich zu einem Helden, denn er lebte das, was er auch glaubte.

Mit 19 kam er bei einem Autounfall ums Leben. Ich war unendlich traurig, als ich von seinem Tod erfuhr, und es dauerte sehr lange, bis ich diese Sache unter den Füßen hatte. Sein Tod war der größte Schock und die schmerzlichste Erfahrung in meinem bisherigen Leben gewesen.

Und nun stand mir Mike hier im Himmel gegenüber. Als er mir die Hand auf die Schulter legte, verschwand meine Trauer. Ich hatte noch nie so ein strahlendes Lächeln auf Mikes Gesicht gesehen.

Immer mehr Leute berührten mich und riefen meinen Namen. Ich war überwältigt angesichts der vielen Leute, die mich im Himmel willkommen heißen wollten. Es waren so viele, und ich hätte nie geglaubt, dass sie alle so glücklich sein würden, so voller Leben und Freude.

Ich sah meinen Urgroßvater und genoss seine Umarmung, während er mir erzählte, wie froh er sei, dass ich jetzt bei ihnen war.

Ich sah Barry Wilson, der mein Klassenkamerad gewesen war und später in einem See ertrank. Auch Barry umarmte mich. Er und alle anderen lobten Gott und sagten mir, wie aufgeregt sie seien, dass sie mich hier im Himmel begrüßen konnten.

Ich entdeckte auch zwei meiner Lehrer wieder, die mir oft von Jesus erzählt hatten.

Als ich von den vielen Bekannten und Freunden umringt war, fiel mir auf einmal auf, dass all diese Menschen in unterschiedlichem Alter waren. Viele von ihnen hatten sich auf der Erde nicht gekannt, aber jeder von ihnen hatte einen Einfluss auf mein Leben gehabt. Und auch wenn sie sich auf der Erde nie begegnet waren: Jetzt waren sie miteinander befreundet.

Ständig umarmte mich jemand, sprach mit mir, lachte und lobte Gott. Sehr lange ging das so weiter, aber ich konnte nicht genug davon kriegen.

Mein Vater ist eines von elf Geschwistern. Einige seiner Brüder und Schwestern hatten bis zu dreizehn Kinder. Als ich noch ein Kind war, mussten wir für unsere Familientreffen immer gleich einen ganzen Park anmieten. Wir Pipers mögen uns alle sehr. Wenn wir uns treffen, geht es nicht ohne Umarmungen und Küsse ab. Trotzdem waren diese Familientreffen meiner Kindheit kein Vergleich zu dem, was sich nun bei diesem Treffen an der Himmelspforte abspielte.

Der Himmel war zweifellos das größte Familientreffen, das man sich vorstellen kann!

Ich hatte noch nie zuvor solche tollen Umarmungen erlebt oder eine solche Schönheit gesehen. Das warme, strahlende Licht des Himmels war unbeschreiblich. Die flirrenden, lebendigen Farben konnte ich gar nicht alle erfassen. Ich hatte den Eindruck, noch nie etwas so Reales gesehen, gehört oder gefühlt zu haben. Nicht einmal in meinen glücklichsten Momenten auf der Erde hatte ich mich so lebendig gefühlt.

Ich stand einfach nur sprachlos da und versuchte, das alles auf mich wirken zu lassen. Langsam verstand ich, dass die Menschen, die ich am Eingang des Himmels traf, auf mich gewartet hatten; gleichzeitig wusste ich aber auch, dass es im Himmel so etwas wie die Zeit gar nicht gibt.

Ich schaute noch einmal in die vielen Gesichter, und mir wurde klar, dass alle, die ich jetzt sah, entweder dazu beigetragen hatten, dass ich zu Jesus gefunden habe, oder mich immer wieder ermutigt hatten, ihm nachzufolgen. Weil sich jeder Einzelne dafür eingesetzt hatte, dass ich als Christ leben konnte, durfte ich nun bei ihnen im Himmel sein.

Ich war noch immer so überwältigt, dass ich nicht wusste, wie ich reagieren sollte. „Ich freue mich, bei euch zu sein", sagte ich, aber auch diese Worte konnten nicht meine übergroße Freude beschreiben, von all diesen Menschen umringt zu sein.

Ich dachte überhaupt nicht mehr an das, was ich durch meinen Tod verloren hatte, und war auch nicht traurig darüber, dass ich nicht mehr bei meiner Familie sein konnte oder meinen ganzen Besitz zurücklassen musste. Es war, als hätte Gott alle Sorgen aus meinem Kopf gelöscht, sodass ich gar nicht anders konnte, als mich über die vielen Menschen zu freuen. Sie sahen genauso aus, wie ich sie gekannt hatte – nur dass sie jetzt noch viel glücklicher waren als auf der Erde.

Meine Urgroßmutter war eine Indianerin. Als Kind hatte ich sie nur mit ihrer schweren Osteoporose gekannt – einer schlimmen Krankheit, die die Knochen zerstört. Ihr Kopf und ihre Schultern waren nach vorn gebeugt, wodurch sie leicht bucklig aussah. Besonders lebhaft erinnere ich mich an ihr verschrumpeltes Gesicht. Und ich kann mich auch noch sehr deutlich an ihre künstlichen Zähne erinnern – aber dieses Gebiss trug sie nicht sehr oft.

Hier im Himmel funkelten ihre Zähne, als sie lächelte. Ich wusste, dass es ihre eigenen waren, und ihr Lächeln war das schönste Lächeln, das ich je zuvor gesehen hatte. Dann fiel mir noch etwas auf: Sie ging gar nicht mehr gebeugt. Sie stand aufrecht, voller Kraft, und alle Falten waren aus ihrem Gesicht verschwunden.

Als ich gebannt in ihr strahlendes Gesicht schaute, wurde mir klar, dass das Alter im Himmel keine Bedeutung hat. Alle Leute, denen ich begegnete, waren genau so alt, wie sie waren, als ich sie das letzte Mal auf der Erde gesehen hatte. Allerdings sah im Himmel ihr Gesicht vollkommen und wunderschön aus.

Dann schaute ich mich um und entdeckte in einiger Entfernung vor mir ein strahlendes Licht, das noch heller war als das Licht, das uns umgab. Ich bemerkte, dass alles um mich herum geradezu glühte, so hell war es.

Wir liefen in die Richtung, aus der dieses Leuchten kam. Niemand forderte die anderen dazu auf loszulaufen, und doch gingen wir alle im selben Moment los.

Als ich nach vorn schaute, schien plötzlich alles größer zu werden. Es war so, als würden wir einen sanften Hügel hinaufsteigen. Und über uns strahlte dieses Licht, das ich nicht mit Worten beschreiben kann.

Eigentlich konnte dieses Licht gar nicht noch heller werden. Trotzdem leuchtete es immer stärker, je weiter ich den Hügel hinauflief. Dabei hatte ich den Eindruck, Gott immer näher zu kommen.

Eine heilige Ehrfurcht überkam mich, während ich immer weiterging. Ich hatte keine Ahnung, was ich gleich sehen würde, aber ich spürte, dass mit jedem Schritt, den ich machte, alles immer wunderbarer wurde.

Dann hörte ich Musik.

Die Musik des Himmels

Obwohl ich die fröhlichen Melodien hören konnte, wusste ich nicht, woher sie kamen. Ich überlegte, ob diese himmlische Musik direkt von oben kommt, aber ich schaute nicht nach oben. Ich stellte keine Fragen und wunderte mich über nichts mehr. Alles war vollkommen gut. Es gab nichts zu fragen.

Die wunderbaren Klänge erfüllten meinen Geist und mein Herz. Es ist schwierig, all das zu beschreiben. Am erstaunlichsten war das Geräusch der Engelsflügel. Ich konnte die Engel nicht sehen, aber ihr Flügelschlagen war eine herrliche, endlose Melodie. Als ich es hörte, wusste ich einfach, dass es sich nur um Engelsflügel handeln konnte!

Es gab noch einen anderen Klang im Himmel, an den ich mich sehr gut erinnern kann. Ich nenne es Musik, aber es hatte eigentlich nichts mit der Musik zu tun, die ich auf der Erde gehört hatte.

Hunderte von Liedern wurden gleichzeitig gesungen. Der Gesang kam aus allen Richtungen, und ich begriff, dass jede einzelne Stimme ein Loblied für Gott sang.

Ich schreibe hier zwar von Stimmen, aber du musst wissen, dass es nicht nur Stimmen waren, die ich da hörte. Manches klang nach verschiedenen Musikinstrumenten, aber sicher war ich mir da nicht so ganz. Alles war erfüllt von Melodien und Tönen, die ich noch nie zuvor gehört hatte. Immer wieder hörte ich auch, wie die Worte „Halleluja!", „Ehre sei Gott!" und „Lobt unseren König!" erschallten.

Stell dir mal vor: Wenn wir drei CDs mit Lobpreismusik gleichzeitig abspielen würden, ergäbe das ein heilloses Durcheinander, das uns verrückt machen würde. Aber das hier war etwas ganz anderes. Alles war harmonisch und ich konnte deutlich die einzelnen Lieder voneinander unterscheiden. Es war so, als wäre jedes Loblied nur für meine Ohren komponiert worden.

Erst später wurde mir klar, dass keines dieser Lieder davon handelte, dass Jesus für uns gestorben ist, sondern sie waren ein Jubel auf den König Jesus, den König aller Könige.

Ich war von dieser wunderbaren Musik wie verzaubert. Und bin es auch heute noch. Wenn ich besonders müde bin, mit geschlossenen Augen im Bett liege und dann wegdöse, höre ich manchmal diese himmlischen Klänge.

Manchmal sage ich mir: Ich kann es gar nicht abwarten, die Musik wieder zu hören – jetzt und sofort! Ich freue mich schon jetzt darauf, all das noch mal zu erleben, wenn ich einmal für immer im Himmel sein werde. Glaub mir: Alles, was ich dort spürte, hörte und sah, war absolut real! Ich glaube, ich habe mich noch nie so lebendig gefühlt wie bei meinem kurzen Aufenthalt im Himmel.

Ich war zu Hause. Ich war dort, wo ich hingehörte. Es gibt keinen anderen Ort, an dem ich jemals lieber gewesen wäre. Es gab keine Zeit mehr – und ich war einfach nur da. Alle Sorgen, Ängste und Bedenken hatten sich in Luft aufgelöst. Ich hatte keine Wünsche mehr und ich fühlte mich hundertprozentig gut.

Nach einer gewissen Zeit (was man bei uns auf der Erde so nennen würde, denn im Himmel gibt es ja, wie gesagt, keine Zeit) gingen wir alle gemeinsam in Richtung des großen Tores. Niemand sprach davon, aber ich wusste einfach, dass Gott all diese Menschen geschickt hatte, damit sie mich durch die Himmelspforte führten.

Und dann sah ich es mit eigenen Augen: das mächtige Tor, das in eine Mauer eingesetzt war. Der eigentliche Durchgang war im Vergleich zu dem riesigen Tor eher schmal. Die Mauer war so lang, dass ich – selbst wenn ich die Augen zusammenkniff, nirgendwo einen Anfangs- oder Endpunkt erkennen konnte.

In der Bibel ist oft von Toren die Rede, die aus kostbaren Perlen gemacht sind. Das Tor, vor dem ich jetzt stand, war zwar nicht aus Perlen, aber auf mich wirkte es so, als wäre es mit einem perlweißen Zuckerguss bedeckt. Es leuchtete und schimmerte.

Ich blieb kurz vor dem Tor stehen, sodass ich sehen konnte, was sich dahinter verbarg. Was ich sah, war eine Stadt, deren Wege mit Gold gepflastert waren. Anders kann ich es nicht beschreiben. Alles strahlte so hell und in den leuchtendsten Farben, die ich mein ganzes Leben noch nicht gesehen hatte.

Ich machte noch einen weiteren Schritt auf das Tor zu, weil ich jetzt durch die Öffnung hindurchgehen wollte. Meine Freunde und Verwandten waren vor mir, sie riefen und luden mich ein, ihnen zu folgen.

Die Musik wurde lauter. Je näher wir kamen, desto intensiver, lebendiger und eindrücklicher wurde alles.

Als ich das Tor erreicht hatte, blieb ich stehen – ich bin mir nicht sicher, warum. Ich wollte unbedingt hineingehen. Ich wusste, dass drinnen alles noch aufregender sein würde als das, was ich bis dahin im Himmel erlebt hatte.

Und dann verließ ich den Himmel genauso plötzlich, wie ich gekommen war.

Vom Himmel auf die Erde

Der Notarzt hatte mich sofort bei seiner Ankunft an der Unfallstelle für tot erklärt. Wie in dem Unfallbericht stand, passierte der Zusammenstoß mit dem Laster 11:45 Uhr. Die Sanitäter waren so sehr mit den anderen Verletzten beschäftigt, dass ich erst um 13:15 Uhr abtransportiert wurde. Routinemäßig wurde noch einmal mein Puls überprüft.

Ich war immer noch tot.

Nach den Regeln in meiner Heimat Texas musste ich noch an Ort und Stelle eindeutig für tot erklärt werden, erst danach durfte mein Leichnam vom Unfallort entfernt werden. Die Helfer hatten eine spezielle Stahlschere mitgebracht, um mich aus dem zerdrückten Auto herauszuschneiden. Da ich ja tot war, bestand kein Grund zur Eile. Ihre Hauptsorge bestand darin, die Brücke zu räumen und wieder für den Verkehr freizugeben.

Mein Auto war von dem Lkw total zerquetscht worden. Das Armaturenbrett hatte meine Beine eingeklemmt, mein linkes Bein war förmlich zerschmettert. Mein linker Arm war über meinen

Kopf und nach hinten über den Sitz geschleudert worden – die Schulter war ausgekugelt, der Arm war beinahe abgerissen worden.

Nicht besser war es meinem linken Bein ergangen. Zwölf Zentimeter meines Oberschenkelknochens fehlten und wurden nie wieder gesehen. Die Ärzte haben keine medizinische Erklärung dafür, dass ich nicht an Blutverlust gestorben bin. In meinem Gesicht hatte ich zahllose kleine Schnitte, in denen noch Glassplitter steckten. Das Lenkrad hatte sich in meine Brust gebohrt, ich blutete aus Augen, Ohren und Nase.

Die Sanitäter deckten mich und das Auto mit einer wasserdichten Plane zu. Sie unternahmen zunächst keinen Versuch, mich aus dem Auto herauszuholen, denn ohne die spezielle Stahlschere wäre das auch gar nicht möglich gewesen.

Die Polizei hatte die Brücke gesperrt und wartete auf einen weiteren Krankenwagen. Während dieser Zeit staute sich der Verkehr kilometerweit in beide Richtungen.

Dann trafen zwei weitere Menschen am Unfallort ein: Dick und seine Frau Anita. Sie waren beide auf der Konferenz gewesen, an der auch ich teilgenommen hatte.

Als die beiden auf der Brücke ankamen, war der Unfall schon passiert. Leute, die nun im Stau standen, stiegen aus ihren Autos und fragten sich, was wohl passiert war. Auch Dick und Anita stiegen aus und überlegten: „Was ist da nur los?"

Schnell hatte es sich herumgesprochen, dass es einen schweren Verkehrsunfall gab. „Ein Lkw ist mit einem Auto zusammengestoßen." – Genaueres wusste niemand.

Dick und Anita standen ein paar Minuten neben ihrem Wagen. Dann, es war zwischen 12:30 und 12:45 Uhr, entschlossen sie sich, an den Unfallort zu gehen. Als sie einen Polizisten sahen, erklärte Dick: „Ich bin Pastor, kann ich vielleicht helfen? Kann ich vielleicht für jemanden beten?"

Der Polizist schüttelte den Kopf: „Der Fahrer des roten Autos ist bereits tot."

Später erzählte Dick: „Gott sprach zu mir und sagte: ‚Du musst für den Mann in dem roten Auto beten.'"

Das kann ich nicht, dachte Dick sofort, der Mann ist doch schon tot!

Dick starrte den Polizisten an; ihm war klar, dass das, was er nun sagen würde, keinen Sinn ergab. Doch Gott hatte so deutlich zu ihm gesprochen, dass er nicht an dem zweifelte, was er zu tun hatte. Gott hatte ihm den Auftrag gegeben, für einen toten Menschen zu beten.

„Ich würde gerne für den Mann in dem roten Auto beten", erklärte Dick dem Polizisten.

„Wie ich schon sagte, der ist tot."

„Ich weiß, das hört sich seltsam an, aber ich möchte trotzdem für ihn beten."

Der Polizist sah ihn lange an, ehe er schließlich sagte: „Na gut, wie Sie wollen. Aber ich sag's Ihnen gleich, das ist kein schöner Anblick. Er ist tot, und unter der Plane ist nicht viel von ihm übrig. Blut, Glassplitter, das sieht aus wie ein Schlachtfeld."

„Danke", sagte Dick und ging zu meinem Auto.

Wenn man sich heute die Bilder von dem völlig zerstörten Auto ansieht, kann man sich kaum vorstellen, dass es Dick geschafft hatte, in den Kofferraum des Ford zu kriechen. Die Heckklappe war bei dem Zusammenstoß abgerissen worden. Ich war immer noch von der Plane bedeckt, die Dick auch nicht wegnahm. Daher war es ziemlich dunkel im Wagen.

Dick kroch von hinten an mich heran, beugte sich über die Rückbank und legte mir seine Hand auf die rechte Schulter. Er fing an, für mich zu beten. Später sagte er: „Ich fühlte mich dazu gedrängt zu beten. Ich wusste nicht, wer der Mann war oder ob er überhaupt an Gott glaubte. Alles, was ich wusste, war: Gott wollte, dass ich für diesen Mann betete."

Während Dick betete, musste er immer wieder weinen. Mehrmals unterbrach er seine Gebete, um ein Loblied zu singen, dann betete er weiter.

Dick glaubte nicht nur, dass Gott wollte, dass er für mich betete, sondern er betete auch ganz besonders dafür, dass ich vor Verletzungen bewahrt blieb, die man nicht sehen konnte – also innere Verletzungen, vor allem am Gehirn.

Das hört sich merkwürdig an, weil Dick ja wusste, dass ich schon tot war. Er hatte keine Ahnung, warum er das betete. Es genügte ihm, dass Gott ihm gesagt hatte, dass er genau das tun sollte. Er betete nicht wegen der Verletzungen, die er mit seinen Augen sah, sondern nur für die Heilung der inneren Verletzungen. Er hatte, wie er selbst sagte, noch nie in seinem Leben so sehr gebetet wie in diesem Moment.

Dann fing er wieder an zu singen. Das Lied, das er leise vor sich hin summte, hieß: „Welch ein Freund ist unser Jesus". Ich weiß, das hört sich unglaublich an, aber das Einzige, woran ich mich nach meiner Rückkehr aus dem Himmel wirklich erinnern kann, ist, dass ich schließlich in dieses alte Lied einstimmte. In diesem Moment gingen mir zwei Dinge durch den Kopf. Erstens: Ich sang, und das war eine andere Art von Gesang als die himmlischen Klänge, die ich vorher gehört hatte. Ich hörte meine eigene Stimme und bemerkte dann, dass da noch jemand sang.

Und zweitens: Jemand hielt meine Hand. Es war eine starke, kräftige Berührung und der erste Körperkontakt nach meiner Rückkehr auf die Erde.

Erst mehr als ein Jahr später verstand ich, was diese Hand zu bedeuten hatte, die meine Hand fest umklammert hielt.

5 Rückkehr zur Erde und Fahrt ins Krankenhaus

Ich weiß nicht genau, wo der Weltrekord für den schnellsten Ausstieg aus einem Autowrack steht, aber an diesem Mittwochnachmittag muss Dick ihn sicher gebrochen haben. Als ein Toter anfing, mit ihm zu singen, kroch Dick eilig aus dem zerstörten Wagen und lief zum erstbesten Sanitäter.

„Der Mann lebt! Er ist nicht tot, er lebt!"

Der Sanitäter starrte ihn an.

Dick konnte nur weiter rufen: „Er singt! Er lebt!"

„Ach ja?", fragte der Notarzt. „Wir wissen genau, wie ein Toter aussieht. Der Typ ist mausetot."

„Hören Sie, der Mann hat gerade eben mit mir gesungen. Er lebt!"

Der Sanitäter wandte sich von Dick ab. Er weigerte sich, mit ihm zu meinem Wagen zu gehen.

Aber Dick lief ihm hinterher und sagte zum Fahrer des Rettungswagens: „Der Mann lebt. Bitte kümmern Sie sich um ihn!"

„Der ist tot."

„Tun Sie's mir zuliebe. Überprüfen Sie wenigstens noch einmal seinen Puls", bat Dick.

„Okay, wir schauen für Sie noch mal nach", sagte der Mann. Er ging zum Auto, hob die Plane an, tastete nach mir und fand meinen rechten Arm. Dann spürte er meinen Puls.

Sofort verfielen alle in hektische Aktionen. Sie überlegten, wie sie mich aus den Trümmern bekommen könnten. An der einen Seite hätten sie mich herausziehen können, aber nur ohne mein linkes Bein. Und ich bezweifle, dass mein rechtes Bein es überhaupt geschafft hätte.

Die Sache ist die: Ohne die entsprechende Ausrüstung hätten sie mich praktisch nur in Einzelteilen aus dem Auto herausbekommen. Deshalb entschieden sie sich dafür, auf die angeforderte Ausrüstung zu warten. Ein Anruf ergab, dass die Spezialschere immer noch gut 48 Kilometer entfernt war.

Ich bin überzeugt, dass die Feuerwehrleute und Rettungssanitäter für mich alles taten, was in ihrer Möglichkeit stand, aber ich erinnere mich an nichts. Ich hörte zwar Stimmen, doch was sie sagten, blieb für mich ohne Sinn. Dick weigerte sich, von mir wegzugehen. Er betete weiter, so lange, bis die Spezialschere endlich da war. Er lief erst zu seinem Auto zurück, als die Helfer mich in den Krankenwagen trugen.

Eines ist mir aber im Gedächtnis geblieben: Als sie mich aus dem Wagen hoben, sagte einer der Sanitäter, sie sollten aufpassen, dass mein Bein nicht abreißt.

Ich hatte einen Schock, deshalb spürte ich keinen Schmerz – zumindest jetzt noch nicht.

Ich weiß noch, dass ich dachte: „Etwas Schlimmes ist passiert, und ich bin es, dem es passiert ist." Obwohl ich verstand, dass man mich in den Krankenwagen trug, hatte ich das Gefühl, ich wäre schwerelos.

Ich erinnere mich dunkel an die Ankunft im Krankenhaus. Mittlerweile war es 14:30 Uhr.

Sie brachten mich in ein Zimmer, in dem schon ein Arzt auf mich wartete. Er untersuchte mich recht lange. „Mr Piper, wir geben uns alle Mühe, Sie zu retten", sagte er mindestens drei Mal. „Ihre Verletzungen sind sehr, sehr schwer, aber wir tun, was wir können."

Später erfuhr ich, dass er nicht damit rechnete, dass ich überleben würde. Aber er tat alles, um mir Hoffnung zu machen und meinen Überlebenswillen zu wecken. Mehrere Leute standen um mein Bett und bemühten sich eifrig um mich. Ich spürte immer noch keinen Schmerz.

„Ihre Frau ist am Telefon", sagte jemand. Eine Krankenschwester legte mir den Hörer neben den Kopf, und ich weiß noch, dass ich mit Eva gesprochen habe, aber ich kann mich an kein einziges Wort des Gesprächs erinnern.

Mein Zustand verschlechterte sich sehr schnell, und es war unsicher, ob ich überhaupt noch den Nachmittag überleben würde. Schließlich verfrachtete man mich wieder in den Krankenwagen. Wenn ich überhaupt eine Chance hatte, dann nur im Hermann Hospital in Houston, einer Stadt, die etwa 130 Kilometer entfernt lag.

„Wie schnell soll ich fahren?", fragte der Fahrer den behandelnden Arzt neben mir.

„Treten Sie das Gaspedal durch! Wir sollten praktisch jetzt schon dort sein!"

Als wir losfuhren, spürte ich immer noch keinen Schmerz. Aber nach ungefähr zehn Minuten ging es mit einem leichten Pochen los.

Zuerst machte sich ein Schmerz in meinem linken Arm bemerkbar. Dann ein klopfender Schmerz im Bein. Dann im Kopf. Innerhalb von Minuten schmerzten so viele Stellen meines Körpers, als wäre ich übel verprügelt worden. Mit jedem Herzschlag hatte ich das Gefühl, als würde jeder einzelne Zentimeter meines Körpers mit einem Vorschlaghammer gequält.

Der Wagen schaukelte vor und zurück, bremste und beschleunigte, die Sirene heulte laut. Es war die schmerzvollste Fahrt meines Lebens, ein reiner Albtraum. Mehrmals wurde ich von den Schmerzen bewusstlos.

Um 18:20 Uhr erreichten wir endlich die Notaufnahme des Hermann Hospital, das waren sechseinhalb Stunden nach meinem Unfall.

Zu dieser Zeit beteten bereits Tausende von Menschen für mich. Meine Gemeinde betete für meine Genesung. Innerhalb der nächsten Tage machte die Nachricht von meinen schweren Verletzungen die Runde, und noch mehr Leute beteten für mich. In den letzten Jahren bin ich vielen Menschen begegnet, die nach meinem Unfall für mich gebetet haben.

Und ihre Gebete wurden erhört: Ich überlebte und lebe noch heute.

Als die Sanitäter meine Trage aus dem Krankenwagen hoben, erkannte ich Evas Gesicht. Ich blickte ihr in die Augen und spürte ihre Angst, dass ich es nicht schaffen würde.

In diesem Moment wurde mir klar, dass mein Zustand wirklich nicht der beste war. Meine Brust war lila angelaufen, und die Ärzte hatten beinahe jeden Teil meines Körpers mit Binden umwickelt. Niemand musste mir sagen, dass ich fürchterlich aussah. In diesem Zustand hätte mich niemand wiedererkannt. Ich fragte mich, ob meine Frau Eva mich überhaupt erkannt hatte.

Meine Schmerzen waren unbeschreiblich. Sobald ich im Zentrum für schwerverletzte Patienten angekommen war, gab mir eine Krankenschwester eine Morphium-Spritze – die erste von vielen, die alle nicht halfen. Keine Medizin konnte meinen Schmerz lindern.

Kurz nach meiner Ankunft im Hermann Hospital kam ich in den Operationssaal, wo ich elf Stunden blieb. Unter der Betäubung spürte ich endlich keinen Schmerz mehr.

Als ich wieder zu Bewusstsein kam, war es Dienstagmorgen. Ich schlug die Augen auf; eine Schwester reinigte meine Wunden, eine andere brachte gerade die Streckapparatur an. Ich spürte, wie sie Stahlstangen in meinen Arm und mein Bein bohrte.

Ich hörte mich schreien. Der Schmerz war stärker, als ein Mensch ertragen kann.

Ich wollte nur, dass er schnell vorbeiging.

~

Als Dick mich zwei Wochen nach dem Unfall besuchen kam, war ich gerade von der Intensivstation in ein normales Krankenzimmer verlegt worden. Er erzählte mir davon, dass Gott ihm aufgetragen hatte, für mich zu beten.

„Die beste Nachricht: Ich habe keinerlei innere Verletzungen oder Schäden am Gehirn", sagte ich ihm.

Dick grinste. „Natürlich nicht. Dafür habe ich ja nach Gottes Anweisung gebetet, und Gott hat das Gebet erhört."

„Das haben Sie gebetet? Sie haben wirklich geglaubt, Gott erhört dieses Gebet?"

„So ist es", antwortete er. „Als ich alle Ihre anderen Verletzungen sah, war mir klar, dass Gott dieses Gebet erhören würde."

Ich brauchte ein paar Sekunden, um das zu verdauen. „Ich verrate Ihnen etwas", sagte ich. „Ich weiß, dass ich innere Verletzungen hatte. Aber irgendwo auf dem Weg ins Krankenhaus sind sie verschwunden."

Tränen flossen über Dicks Gesicht, und er sagte: „Ich weiß. Ich wünschte, ich könnte immer so beten."

Die Heilung beginnt

Die Schmerzen wurden mein ständiger Begleiter. Für eine lange Zeit vergaß ich völlig, was es heißt, keine Schmerzen im ganzen Körper zu haben.

Trotzdem begriff ich in den ersten Tagen im Krankenhaus, wie viele Wunder geschehen waren. Ich nenne sie Wunder, weil ich fest daran glaube, dass es bei Gott keine Zufälle gibt.

Erstens: Ich war angeschnallt gewesen.

Zweitens: Der Unfall passierte auf der Brücke. Was wäre gewesen, wenn er noch vor der Brücke passiert wäre, auf dem Stück Schnellstraße, die unmittelbar am See entlangführt? Mein Auto wäre in den See gestürzt und ich wäre ertrunken.

Drittens: Ich hatte keine Kopfverletzungen. Jeder, der mich gesehen oder den medizinischen Bericht gelesen hat, konnte nicht glauben, dass ich keinen Schaden am Gehirn davongetragen hatte. (Meine Frau sagt manchmal im Scherz, dass sie sich da nicht immer so ganz sicher ist …)

Genauso irritiert waren die Ärzte, weil der Unfall meine inneren Organe nicht beschädigt hat. Diese Tatsache konnte man medizinisch überhaupt nicht erklären.

Viertens: Dem Chirurgen Dr. Greider, der im Hermann Hospital an jenem Tag Dienst hatte, gelang es, mein Bein zu retten. „Rein zufällig" ist Dr. Greider einer der wenigen Spezialisten in meiner Heimat, die sich mit solchen komplizierten Knochenbrüchen beschäftigen. Er entschied sich dafür, ein neues Heilverfahren auszuprobieren. Er wollte mich mit einem Fixateur behandeln – einem Metallapparat, der meine Knochenbrüche durch Schrauben von außen ruhigstellen sollte, damit das Bein heilen konnte. Die Operation, die dafür notwendig war, führte der Chirurg eine Woche nach meinem Unfall durch.

Dadurch wurde nicht nur mein Bein gerettet. Der Fixateur ermöglichte es den Ärzten auch, den Knochen in meinem linken Bein wieder zu verlängern, denn bei meinem Unfall waren ja zwölf Zentimeter des Oberschenkelknochens verlorengegangen. Übrigens: Der Oberschenkelknochen ist der größte Knochen im menschlichen Körper und bricht nicht so leicht. Aber mein Unfall war so schwer gewesen, dass selbst ein so stabiler Knochen kaputtging.

Als mich Dr. Greider untersuchte, musste er deshalb eine Entscheidung treffen. Entweder er versuchte es mit dem komplizierten Metallapparat – oder er musste mein Bein komplett abtrennen. Aber der Fixateur war auch keine Garantie dafür, dass ich das Bein nicht verlieren würde. Genau genommen war sich Dr. Greider zu diesem Zeitpunkt sehr unsicher, ob ich diese Prüfung überhaupt durchstehen würde. Ein Arzt mit weniger Geschick und Erfahrung hätte sich für die Amputation entschieden, in der Annahme, dass ich ohnehin sterben würde und es deshalb sowieso egal wäre.

Fünftens: Ich glaube an Wunder, weil für mich gebetet wurde. Ich besitze immer noch Tausende von Karten, Briefen und Gebetszetteln – viele davon haben mir Menschen geschrieben, die ich überhaupt nicht kenne. Sie beteten einfach für mich, weil sie von dem Unfall gehört hatten. Inzwischen habe ich schon von verschiedenen Leuten gehört, dass sie in ihrem Glauben gestärkt wurden, weil an mir so viele Wunder passiert sind. Sie haben selbst erlebt, dass das Gebet eine mächtige Wirkung hat.

In der Nacht, als ich in die Spezialklinik – das Hermann Hospital – eingeliefert wurde, wurde ich elf Stunden lang operiert. Danach lag ich auf der Intensivstation. Mein Körper war mit unzähligen Nadeln übersät. Ich war unfähig, mich zu bewegen, und an viele Geräte angeschlossen. Ich schlief viel, nur manchmal wachte ich auf und fragte mich: Bin ich wirklich hier oder bilde ich mir das alles nur ein?

Ich hatte den Himmel erlebt, war auf die Erde zurückgekehrt und hatte danach mehr Schmerzen aushalten müssen, als ich je für möglich gehalten hätte. Es würde noch eine lange Zeit dauern, bis sich mein Zustand oder meine Einstellung ändern würde. Das Leben auf der Intensivstation war die Hölle. Alle taten ihr Bestes, aber der Schmerz ließ einfach nicht nach.

„Gott, dafür bin ich zurückgekehrt?", fragte ich oft. „Du hast mich auf die Erde zurückgeschickt, damit ich das hier alles erleiden muss?"

Von dem vielen Liegen füllte sich meine Lunge mit Flüssigkeit. Am sechsten Tag auf der Intensivstation war ich dem Tod so nahe, dass das Krankenhaus meine Familie informierte. Ich hatte eine schwere Lungenentzündung und die Ärzte rechneten nicht damit, dass ich die Nacht überleben würde.

All die vielen Verletzungen hatte ich überlebt, nur um jetzt an einer Lungenentzündung zu sterben?!

Doch in dieser Situation war es wieder das Gebet, das ein Wunder bewirkte. Seit dem Unfall beteten Hunderte von Menschen rund um die Uhr für mich, und ich wusste das auch. Doch bis zu diesem Punkt hatte ich noch nicht viel davon gespürt.

Dann hatte meine Frau eine Idee: Sie rief meinen besten Freund David an und sagte ihm: „Bitte komm Don besuchen, er braucht dich."

Ohne zu zögern fuhr mein Freund über 320 Kilometer, um mich zu sehen. Die Schwestern ließen ihn für fünf Minuten in mein Zimmer auf der Intensivstation.

Diese Minuten veränderten mein Leben.

Da mir niemand zu verstehen gab, dass ich jemals wieder ein normales Leben führen würde, hatte ich wenig Hoffnung auf Heilung – eigentlich wollte ich gar nicht mehr leben. Es war nicht nur wegen der Schmerzen, die einfach nicht aufhören wollten, sondern wegen meiner Himmel-Erfahrung. Dorthin, an diesen herrlichen Ort, wollte ich zurückkehren. Bring mich zurück, Gott, betete ich. Bitte bring mich zurück.

Gottes Antwort war kurz und knapp: „Nein."

Als David das Zimmer betrat, ergriff er meine Finger, weil sie das Einzige waren, was ich zum Festhalten zu bieten hatte.

„Du wirst es schaffen", sagte David. „Du musst es schaffen. Du hast es ja auch bis hierhin geschafft."

„Ich weiß nicht, ich ... weiß nicht, ob ich es überhaupt will."

„Du musst. Wenn schon nicht für dich, dann für uns."

„Mein Tank ist leer", sagte ich. „Ich habe getan, was ich konnte. Ich habe schon alles gegeben, mehr geht nicht."

„Du musst es schaffen. Wir werden dich nicht gehen lassen."

„Ich bin so müde. Ich habe den guten Kampf gekämpft, jetzt bin ich bereit zu sterben."

„Wir werden dich nicht sterben lassen, verstehst du, Don? Wir werden dich nicht aufgeben."

„Lasst mich einfach –"

„Nein. Du wirst leben, hörst du? Wir werden dich nicht sterben lassen."

„Wenn ich leben soll", erklärte ich schließlich, „dann nur, weil ihr es wollt."

„Wir werden beten", sagte er. „Wir werden die ganze Nacht beten. Ich werde alle anrufen, die beten können. Du sollst wissen, dass wir alle, denen du am

Herzen liegst, die ganze Nacht aufbleiben werden, um für dich zu beten."

„Okay."

„Wir werden das für dich tun, Don. Du musst gar nichts machen. Jetzt übernehmen wir das Ruder. Du musst einfach nur daliegen und es geschehen lassen. Wir werden dich durch diese Sache hindurchbeten."

David gab mir einen Kuss auf die Stirn und ging.

Wie er mir versprochen hatte, beteten viele Menschen in dieser Nacht für mich, pausenlos. Und die lange Kette aus den vielen Gebeten führte schließlich dazu, dass sich mein Zustand stabilisierte, und eine Reihe weiterer Wunder wurde in Gang gesetzt.

Am nächsten Tag war die Lungenentzündung verschwunden. Sie war einfach „weggebetet" worden!

Am siebten Tag brachte Dr. Greider in einer zweiten langen Operation einen weiteren Fixateur an meinem Körper an. Er sollte es möglich machen, dass ich mich aufsetzen konnte.

Als ich nach dem 12-stündigen Eingriff erwachte, war mein linkes Bein von der Hüfte bis zum Knie unter einem Metallgestrüpp verschwunden.

Ich bemerkte Eva, die neben meinem Bett saß. „Was ist das?", fragte ich.

„Das ist ein Gerät, das den Knochenwuchs unterstützt", antwortete sie. „Man nennt es einen externen Fixateur. Das ist die einige Chance, dein linkes Bein zu retten."

Ich entdeckte Drähte, die aus dem Metall herausführten. „Gehen diese Drähte etwa durch mein Bein?"

„Ja, das ist eine ganz neue Technik. Sie versuchen nur, dein Bein zu retten."

Ich wusste nicht genug, um etwas dazu zu sagen. Ich nickte und versuchte mich zu entspannen.

Zu diesem Zeitpunkt ahnte ich noch nicht, dass ich ein Jahr später immer noch mit diesem Metallmonster kämpfen würde.

Schwierigkeiten und Entscheidungen

Der Fixateur, mit dem ich jetzt zu kämpfen hatte, wurde von einem sibirischen Arzt namens Dr. Ilizarov entwickelt. Dieser hatte zunächst an Schafen herumexperimentiert, weil er nach einer Möglichkeit suchte, fehlende Knochenteile zu ersetzen oder zu kurze Beine zu verlängern.

Die Metallstangen, die nicht nur in meinen Beinen, sondern auch in meinem linken Oberarm und in der Hüfte steckten, waren so dick wie Bleistifte. Jeden Tag kam jemand vorbei und zog die Schrauben am Fixateur nach, um die Knochen zu strecken. Die Technik funktionierte – aber sie bereitete mir während meiner Heilung die meisten Schmerzen.

Der Fixateur an meinem Bein wog etwa zwölf Kilogramm, und das Metallmonster am Arm brachte noch einmal acht Kilo auf die Waage. Ob ich nun im Rollstuhl saß oder später auf Krücken ging: Immer schleppte ich dieses Zusatzgewicht mit mir herum.

Fast alle Leute, die mich mit diesen Stahlstangen sahen, schauten mich komisch an. Sie hielten die

Luft an und begafften mich, als ich mit dem Rollstuhl durch die Gegend gefahren wurde.

Ich machte oft Witze darüber, dass die Archäologen, die eines Tages meinen Körper ausgraben würden, wegen des ganzen Metalls denken werden, sie hätten eine neue Spezies entdeckt.

Während meiner Genesung erschien mir jede noch so kleine Bewegung wie ein Wunder. Wann immer ich aufs Neue etwas lernte, kam es mir wie ein gewaltiger Fortschritt vor. Aber der Metallapparat war eine Qual für mich, der Schmerz verließ mich nicht einmal für eine Minute. Ich wollte natürlich wissen, wie lange ich dieses Teil noch tragen musste, wann ich endlich wieder laufen konnte, aber niemand konnte – oder wollte – mir eine Antwort geben. Ich fragte trotzdem weiter.

„Noch ein paar Monate", lautete die Standardantwort.

„Wie viele genau?", bohrte ich nach.

Irgendwann sagte einer der Ärzte: „Noch viele Monate. Vielleicht noch länger."

„Sie meinen noch ein paar Jahre?"

„Ja, das kann Jahre dauern."

„Und selbst dann kann es noch sein, dass ich das Bein und den Arm verliere?"

„Es gibt für so was keine Garantie. Eine plötzliche Entzündung, und wir müssen das Bein amputieren."

„Sie wollen mir sagen, dass ich das alles monatelang aushalte und am Ende vielleicht doch ohne Bein dastehe?"

Er nickte.

Das war natürlich nicht das, was ich gerne gehört hätte.

Ich suchte weiter nach einer Garantie für meine vollständige Genesung. Jemand sollte mir bestätigen, dass alles wieder gut werden würde. Ich wollte wieder ein normales Leben führen. Ich wollte auf meinen eigenen Beinen aus dem Krankenhaus herausspazieren und in mein früheres Leben zurückkehren. Aber niemand wollte oder konnte mir solche Garantien geben.

In den Monaten, nachdem die Metallgeräte an mir angebracht worden waren, hatte ich noch andere Probleme. Ich bekam mehrmals Entzündungen. Jedes Mal stellte ich mich innerlich darauf ein, dass die Entzündung zum Verlust meines Beines führen konnte.

In vielen Nächten betete ich: „Gott, bring mich zurück in den Himmel. Ich verstehe nicht, warum du mich zurück zur Erde geschickt hast. Bitte lass mich hier nicht im Stich."

Gottes Antwort war immer noch ein Nein.

In den Monaten und Jahren, die vor mir lagen, hatte ich zumindest ein paar Erklärungen dafür, dass ich auf die Erde zurückgekehrt bin.

Der Heilungsprozess hatte begonnen. Wie ich so Tag für Tag in meinem Krankenhausbett lag, dachte ich immer wieder über die Worte nach, die mein Freund David mir gesagt hatte. Er und andere hatten im Gebet Gott darum angefleht, dass ich am Leben blieb.

Zwölf Tage lang war ich auf der Intensivstation. Ich blieb dann noch vier oder fünf Tage auf der normalen Station, ehe ich in ein anderes Krankenhaus, das St. Luke's Hospital, verlegt wurde. Dort verbrachte ich 105 Tage. Nach meiner Entlassung war ich noch über ein Jahr bettlägerig und musste 34 Operationen über mich ergehen lassen. Glaub mir: Ich bin deshalb noch am Leben, weil zahllose Menschen, denen ich zum Teil nie begegnet bin, für mich gebetet haben.

Das ist vielleicht das größte Wunder von allen: Menschen haben gebetet, und Gott hat ihre Gebete erhört.

Ich wusste, dass ich nicht sterben würde.

Die Menschen, die mich liebten, hätten das nicht zugelassen.

8 Die Schmerzen und mein neues Leben

Auch wenn das den Menschen, die mich besuchten, nicht bewusst war: Sie verschlimmerten meine Lage nur noch. Sie sorgten sich um mich und wollten mich das auch spüren lassen. Und deshalb taten sie das Natürlichste von der Welt: Sie besuchten mich im Krankenhaus. Und genau das war das Problem.

Das ständige Kommen und Gehen erschöpfte mich. Ich konnte ja nicht nur einfach daliegen und ihnen zuhören. Also lächelte ich und plauderte mit ihnen, selbst wenn ich eigentlich kurz davor stand, in Ohnmacht zu fallen. Manchmal waren die Schmerzen so stark, dass ich nur sehr schwer ein guter Gastgeber sein konnte, aber ich gab mir alle Mühe. Ich sagte mir immer wieder, dass die Menschen es ja nur gut meinten und extra meinetwegen gekommen waren. Auf keinen Fall wollte ich jemanden vor den Kopf stoßen, indem ich sagte, er solle wieder nach Hause gehen oder besser gar nicht erst kommen.

Zusätzlich zu den Schmerzen und den ständigen Ruhestörungen hatte ich das Problem, einfach keine Freude mehr am Leben zu empfinden. Ich wollte wieder in den Himmel. Ich betete, allein oder mit anderen, aber trotzdem stellte sich ein Gefühl der Verzweiflung bei mir ein. „Lohnt sich das alles überhaupt?" Diese Frage stellte ich mir mehrmals täglich.

Wie sollte ich mit Worten ausdrücken, dass ich im Himmel die überwältigendste, freudigste Erfahrung meines Lebens gemacht hatte? So nahe meine Frau Eva und ich uns auch sind, nicht einmal ihr konnte ich damals davon erzählen.

Mein Besuch im Himmel war für mich etwas ganz Besonderes, Heiliges.

Je länger ich bettlägerig war, desto stärker wurde die Überzeugung, dass mich auf der Erde nichts mehr erwartete. Im Himmel war es vollkommen gewesen, so schön und voller Freude.

Wenn Besucher kamen, konnte ich an ihren Gesichtern ablesen, dass sie voller Mitleid waren, als wäre ich das erbarmungswürdigste Geschöpf auf der Welt.

Das war ich gewissermaßen auch.

Ich war Vater von drei Kindern, Ehemann einer wunderbaren Frau, und bis zu dem Unfall hatte eine großartige Zukunft vor mir gelegen. Als der Unfall passierte, war ich 38 und in bester körperlicher Verfassung.

Wenige Tage nach dem Unfall war mir klar, dass ich nie wieder jener gesunde Mann sein würde, der ich vorher war. Ich hatte jede Hoffnung verloren; aus eigener Kraft konnte ich rein gar nichts tun, nicht einmal meine Hand heben. Tief in mir spürte ich die

Angst, bis ans Ende meiner Tage auf fremde Hilfe angewiesen zu sein. Meine Familie, die Freunde und das Krankenhauspersonal sorgten dafür, dass es mir an nichts fehlte, aber das stärkste Gefühl in mir war völlige Hilflosigkeit.

Ich habe es mal so ausgedrückt: „Stell dir vor, du liegst im Bett. Da stecken Metallstangen in deinen Armen und Drähte in deinen Beinen, und du liegst auf dem Rücken. Du kannst dich nicht umdrehen. Genau genommen kannst du nicht einmal deine Schulter einen Zentimeter anheben, ohne dich dabei an diesem trapezartigen Griff hochzuziehen, der über deinem Bett baumelt. Du bist zu völliger Bewegungslosigkeit verdonnert."

Ich bekam wunde Stellen am Rücken, weil ich ständig in derselben Position lag. Also besorgte das Krankenhaus ein spezielles Wasserbett für mich, das stets für leichte Bewegung sorgte. Ich verließ mein Zimmer nur, wenn ich zu einer Röntgen-Untersuchung gebracht wurde.

Die schlimmste der täglichen Torturen war das Reinigen der kleinen Löcher in meiner Haut, durch die die dünnen Drähte führten. Alle Schwestern, die für mich zuständig waren, mussten erst lernen, wie man das richtig macht. Weil die Haut nicht an den Drähten festwachsen durfte, musste sie an diesen Stellen immer wieder durchtrennt werden. Zum Schutz vor Entzündungen war es notwendig, die Löcher mit einem starken Desinfektionsmittel zu behandeln.

Ich konnte mir nichts Schlimmeres vorstellen, doch genau das musste ich jeden Tag durchstehen.

Und das war noch nicht alles. Viermal täglich, alle sechs Stunden, wurden mit einer Zange die Schrauben an der Apparatur nachgezogen, damit die Knochen gestreckt werden. Ob es Tag war oder Nacht, spielte dabei keine Rolle.

Doch das Schlimmste war die Tatsache, dass ich nicht schlafen konnte. Elfeinhalb Monate lang fand ich keinen Schlaf – ich wurde nur immer wieder ohnmächtig. Selbst mit starken Schmerzmitteln war ich nie schmerzfrei. Wenn ich auch nur die kleinste Bewegung machte, riss irgendwo einer der Drähte in meiner Haut ein.

Nach einiger Zeit lernte ich, mit dieser Art zu leben umzugehen. Aber daran gewöhnen konnte ich mich nie.

Schließlich war ich in der Lage etwas zu tun, was die Ärzte nicht mehr für möglich gehalten hatten: Ich lernte wieder laufen.

Sie hatten mich darauf vorbereitet, dass ich wegen des gebrochenen rechten Knies und des Verlustes meines linken Oberschenkelknochens (selbst mit einem gestreckten Ersatz-Knochen) wahrscheinlich nie wieder gehen könnte, und wenn überhaupt, dann nur mit schweren Schienen.

Irgendwann band man mich dann auf einem langen Brett fest und drehte es so in die Senkrechte, dass meine Füße auf dem Boden standen und ich mich in einer aufrechten Position befand, obwohl ich natürlich nicht wirklich selbst dastand, sondern nur durch die Bänder an diesem Brett gehalten wurde. Zwei Physiotherapeuten legten mir einen schweren Gürtel um die Hüfte und gingen seitlich neben mir her.

Meine Beine waren extrem schwach, und sie mussten mir bei den ersten Schritten helfen. Es dauerte Tage, bis ich herausgefunden hatte, wie ich stehen musste, wenn ich mein Gewicht tatsächlich auf meine Beine verlagern wollte. Ich hatte mich so sehr an das Liegen im Bett gewöhnt, dass mir jedes Mal schwindlig wurde, wenn sie mich in die Senkrechte hochkippten. So vergingen Tage, ehe ich überhaupt den ersten Schritt wagen konnte.

Erst nachdem ich das Krankenhaus verlassen hatte, lernte ich wirklich wieder zu gehen. Jeden zweiten Tag kam ein Physiotherapeut und half mir. Es dauerte sechs Monate, bis ich gelernt hatte, mehr als nur ein paar kleine Schritte zu machen.

Ein gutes Jahr nach meinem Unfall entfernte der Arzt schließlich den Fixateur am Bein. Anschließend benutzte ich einen Rollator – also einen Gehwagen, wie ihn manchmal alte Leute vor sich herschieben – und schließlich einen Stock.

Aber damit war es noch lange nicht getan. Ich musste noch längere Zeit einen Gips tragen, und dann wurden in mein Bein auch noch Metallscheiben eingesetzt – die neun Jahre lang drinblieben! Von mir aus hätten sie auch einfach ganz drinbleiben können, aber die Ärzte machten mir klar, dass sie wieder entfernt werden müssten, da ansonsten die Knochen morsch würden.

Immer wenn ich mit dem Flugzeug unterwegs war, löste ich beim Einchecken den Sicherheitsalarm aus. Den Sicherheitsbeamten erklärte ich dann: „Ich habe mehr Stahl im Körper als Sie zu Hause in der Besteckschublade."

Den Menschen, die mich mit dem vielen Metall an meinem Körper gesehen hatten, stockte jedes Mal der Atem. Und wenn dieselben Leute heute sehen, wie ich aus eigener Kraft laufen kann, sind sie wieder sprachlos.

Nachhilfeunterricht im Fach „Dankbarkeit"

Während meiner Genesung gaben sich die Leute in meiner Gemeinde alle Mühe, mir das Gefühl zu vermitteln, gebraucht zu werden. Sie brachten ganze Busladungen Kinder zu mir ins Krankenhaus. Manchmal tagte sogar der Gemeinderat in meinem Krankenzimmer. Ihnen war natürlich klar, dass ich nicht viel dazu beitragen konnte, aber das war ihre Art, mir Mut zu machen. Sie taten alles, was in ihrer Macht lag, damit ich mich als vollwertiges Glied der Gemeinde sah.

Das führte allerdings zu einem anderen Problem: Ich wollte gar nicht, dass andere etwas nur meinetwegen taten. Das entspricht einfach nicht meinem Charakter.

Eines Tages besuchte mich Jay B. Perkins, ein Pastor, der bereits im Ruhestand war, und für mich in den Jahren, als ich selbst als Pastor gearbeitet hatte, zu einem großen Vorbild geworden ist. Jay war ein treuer Besucher. Er kam oft vorbei, manchmal zwei- oder dreimal in der Woche. Ich war wirklich kein leichter Gesprächspartner, aber ich brachte trotzdem jedes Mal ein Lächeln zustande. Wenn ich voller Selbstmitleid in meinem Bett lag, sprach er ganz sanft mit mir und versuchte, die richtigen Worte zu finden, um mir Mut zu machen. Doch nichts davon half mir – aber das war natürlich nicht seine Schuld. Wie ich später herausfand, ging es nicht nur mir schlecht – meine Stimmung übertrug sich auf alle, die mich besuchten.

Dabei wollten die Menschen mir ja nur helfen, und viele wollten mir jeden Gefallen tun.

„Soll ich dir eine Zeitschrift mitbringen?", fragte der eine.

Ein anderer sagte: „Hast du Lust auf einen Milchshake? Unten ist ein McDonald's, ich könnte dir auch einen Hamburger besorgen."

Oder ich wurde gefragt: „Soll ich dir aus der Bibel vorlesen? Oder vielleicht aus einem anderen Buch?"

Meine Antwort war immer dieselbe: „Nein, danke."

Ich glaube nicht, dass ich gemein zu den Leuten war. Ich wollte bloß einfach niemanden sehen und mit niemandem sprechen. Ich wollte nur, dass endlich die Schmerzen aufhörten.

Jay war es, dem es schließlich auffiel, wie sehr ich mich von meiner Familie und meinen Freunden innerlich entfernt hatte. Eines Tages – er war gerade bei mir – kam ein Diakon unserer Gemeinde zu Besuch. Nach zehn Minuten stand dieser Mann auf und meinte: „Ich wollte einfach nur mal nach dir sehen." Dann fügte er hinzu: „Kann ich dir noch irgendwas besorgen, bevor ich gehe?"

„Danke, das ist lieb, aber –"

„Vielleicht was zu essen? Ich kann nach unten gehen und –"

„Wirklich nicht. Danke für deinen Besuch."

Er verabschiedete sich und ging.

Jay saß da und sah minutenlang aus dem Fenster. Schließlich kam er zu mir ans Bett, beugte sich zu mir herunter und sagte: „Du musst dich wirklich ein bisschen besser zusammenreißen."

„Wie bitte?", fragte ich so höflich, wie es sich in Gegenwart eines 80-jährigen Pastors gehört.

„Du musst dich zusammenreißen", wiederholte er. „Du gibst keine sehr gute Figur ab."

„Ich verstehe nicht, was –"

Er kam noch näher, sodass ich den Blick nicht abwenden konnte. „Du liegst diesen Menschen sehr am Herzen, und du kannst dir gar nicht vorstellen, wie sehr sie dich lieben."

„Ich weiß, dass sie mich lieben."

„Wirklich? Du bist aber nicht sehr gut darin, sie spüren zu lassen, dass du das weißt. Du behandelst sie nicht angemessen. Sie können dich nicht heilen. Wenn sie das könnten, würden sie es tun. Wenn sie mit dir tauschen könnten, würden viele auch das tun. Wenn du sie um etwas bittest, egal was, werden sie es ohne zu zögern tun."

„Das weiß ich."

„Aber du erlaubst ihnen nicht einmal, irgendetwas für dich zu tun."

„Ich will gar nicht, dass sie etwas für mich tun", antwortete ich. Ohne mich länger zurückzuhalten, sagte ich so laut, wie ich konnte: „Soll ich dir die Wahrheit sagen? Ich möchte noch nicht einmal, dass sie mich besuchen. Es wäre mir lieber, sie kämen gar nicht. Die haben doch bestimmt was Besseres zu tun, oder? Warum sollte ich wollen, dass irgendwer kommt und mich in diesem Zustand sieht? Das ist doch erbärmlich."

„Das entscheidest aber nicht du."

Ich sah ihn an und war sprachlos.

„Du hast einen Großteil deines Lebens damit verbracht, anderen Menschen zu dienen, ihnen dabei zu helfen, schwierige Zeiten durchzustehen –"

„Ja, ich hab's versucht, aber –"

„Und jetzt nimmst du diesen Menschen die Gelegenheit, dasselbe für dich zu tun." Nie werde ich das vergessen, was er mir als Nächstes sagte: „Don, das ist das Einzige, was sie dir geben können, und du gibst ihnen keine Gelegenheit dazu."

Seine Worte überrumpelten mich total. Ich hatte gedacht, ich wäre ein bescheidener Mensch und würde den Leuten nur Sorge und Mühe ersparen, wenn ich keine Hilfe in Anspruch nähme. Aber in Wahrheit war ich ziemlich egoistisch.

Jay ließ immer noch nicht locker: „Ich möchte, dass du dir von ihnen helfen lässt. Hast du verstanden? Du wirst es dir gefallen lassen, dass sie dir helfen."

„Ich kann doch nicht, ich kann doch nicht einfach –"

„Okay, Don, wenn du es nicht für dich selbst tun willst, dann tu es für mich", sagte er.

Er wusste, dass ich alles für ihn tun würde, also nickte ich.

„Wenn der Nächste hier hereinmarschiert und dich fragt, ob er etwas für dich tun kann – was auch immer –, dann möchte ich, dass du Ja sagst. Wahrscheinlich wirst du das nicht bei jedem machen können, aber für den Anfang reichen schon ein oder zwei Leute. Gib ihnen die Gelegenheit, dir ihre Liebe zu zeigen, indem sie dir helfen. Versprich mir das."

„Ich weiß nicht, ob ich das kann."

„Doch, das kannst du."

„Ich werde es versuchen, aber ich bin einfach nicht der Typ dafür."

„Dann werde dieser Typ." Sein Blick ging mir unter die Haut. „Mach es einfach!"

Dann klang seine Stimme wieder sanfter: „Versuch es, für mich. Okay? Du musst es lernen. Im Moment kannst du es gar nicht. Aber das ist eine der Lektionen, die Gott dich lehren will."

„Nun, wenn das so ist ...", sagte ich und gab meinen Widerstand auf. Ich versprach, dass ich seine Bitte ernstnehmen und in die Tat umsetzen würde. Mir war klar, dass er sowieso nicht eher Ruhe gegeben hätte, bis ich bereit wäre, seine Anweisungen zu befolgen.

Zwei Tage zogen ins Land, und ich brachte es immer noch nicht über mich, seine Bitte zu erfüllen.

Am dritten Tag steckte ein Mann aus meiner Gemeinde den Kopf zur Tür herein, begrüßte mich und blieb ungefähr fünf Minuten, bevor er wieder aufbrach. „Ich wollte nur mal kurz nach dir sehen", sagte er. „Du siehst gut aus."

Ich lächelte. Ich sah schrecklich aus, aber darüber wollte ich nicht mit ihm streiten.

Er stand also auf und sagte: „Kann ich noch etwas für dich tun, bevor ich gehe?"

Meine Lippen wollten schon das übliche „Nein, danke" formen, aber dann stand mir plötzlich Jay vor Augen. „Ja, ich hätte gerne eine Zeitschrift zum Lesen."

„Ehrlich?" Ein breites Grinsen lag auf seinem Gesicht. „Sicher?"

„Ich glaub schon. Ich habe schon lange nichts mehr gelesen und ..."

„Bin gleich wieder da!" Bevor ich ihm sagen konnte, was für eine Zeitschrift ich gerne hätte, war er schon zur Tür rausgeschossen wie der geölte Blitz.

Der Kiosk befand sich 21 Stockwerke tiefer, aber in weniger als einer Minute war er wieder da – so kam es mir zumindest vor. In seinem Arm trug er einen ganzen Strauß aus Zeitschriften. Er grinste die ganze Zeit, während er mir die einzelnen Titel zeigte.

Ich bedankte mich und sagte: „Ich schau sie mir nachher in Ruhe an."

Er legte den Stapel auf den Tisch. „Sonst noch was?"

„Nein, nein, das ist alles. Danke."

Nachdem ich zum ersten Mal jemandem erlaubt hatte, mir etwas Gutes zu tun, fand ich, dass es eigentlich gar nicht so schwierig war. Nachdem mein Besuch gegangen war, blätterte ich die Zeitschriften durch und dachte darüber nach, was gerade passiert war.

Jay hatte recht gehabt.

Ungefähr vierzig Minuten später besuchte mich eine Frau aus dem Singlekreis. Wir plauderten ein wenig miteinander. „Wie geht es Ihnen?", fragte sie.

„Gut."

„Soll ich Ihnen vielleicht irgendwas besorgen?"

„Nein, ich, ich –" Wieder fielen mir Jays Worte ein. „Oder doch: ein Milchshake wäre nicht schlecht. Ein Erdbeeer-Milchshake."

„Mit Erdbeere? Den hol ich Ihnen liebend gern!" Ich hatte noch nie solch ein strahlendes Lächeln auf ihrem Gesicht gesehen. „Sonst noch irgendetwas? Vielleicht Pommes frites?"

„Nein."

Sie stürmte zur Tür heraus und kam nach kurzer Zeit mit einem Erdbeer-Milchshake zurück. „Bitte, Mr Piper, lassen Sie sich's schmecken!"

„Das werde ich", gab ich zurück. „Sie müssen wissen, dass ich Erdbeer-Milchshakes liebe."

Erst in diesem Moment wurde mir richtig klar, wie gründlich ich die Sache mit der Hilfsbereitschaft bisher missverstanden hatte. Bis zu dem Zeitpunkt, als Jay mit mir ein ernstes Wörtchen sprach, hatte ich versagt, meinen Besuchern und mir selbst gegenüber. Mein Bemühen, für sie stark zu sein, hatte ihnen die Möglichkeit genommen, mir etwas von ihrer Kraft abzugeben. Ein Gefühl der Schuld überwältigte mich, denn endlich erkannte ich nun, was sie mir schon die ganze Zeit hatten geben wollen.

Ich hatte meine Lektion gelernt.

~

Ein anderer Besucher brachte mir einen Anstecker mit, auf dem ein Spruch stand, den ich zunächst für einen Scherz hielt. Es war die Stelle aus Psalm 46,10, wo es heißt: „Seid stille und erkennt, dass ich Gott bin!" Vielleicht sollte mich das ja irgendwie trösten. Ich fragte mich, ob die Person, die mir den Anstecker geschenkt hatte (ich kann mich nicht daran erinnern, wer es gewesen war), wohl daran gedacht hatte, dass es in meiner Situation eigentlich unmöglich war, still zu sein.

Und doch: Der Anstecker übermittelte mir genau die Botschaft, die ich nötig hatte. Es dauerte nur recht lange, bis ich sie verstand.

Es vergingen Wochen, ehe ich begriff, dass ich diese Ruhe tatsächlich brauchte: eine innere Ruhe – das Vertrauen darauf, dass Gott schon wusste, was er mit mir tat. Ja, dieser Vers war für mich bestimmt, obwohl ich mir selbst lieber einen anderen ausgesucht hätte.

Durch mein Kranksein zwang mich Gott sozusagen zur Ruhe. Ich hatte keine Wahl. Je länger ich ans Bett gefesselt war, desto mehr öffnete ich mich dieser Ruhe, die Gott mir schenken wollte, und entspannte mich wirklich immer mehr.

Exakt dreizehn Monate lang lag ich auf dem Rücken, bevor ich mich wenigstens auf die Seite drehen konnte. Diese einfache Bewegung war einer der Höhepunkte auf meinem Weg, wieder gesund zu werden. „Ah, ich hab schon ganz vergessen, wie gut sich das anfühlt", sagte ich laut.

Während dieser langen Zeit des Krankseins lernte ich viel über mich, meine Einstellung und meinen Charakter. Vieles von dem, was ich an Don Piper sah, gefiel mir nicht.

Ich weiß, dass ich ein ziemlich mürrischer Patient war, trotzdem behandelten mich die Krankenschwestern mit viel Geduld und Mitgefühl. Sie wuchsen mir sehr ans Herz und ich lernte, ihre Opferbereitschaft zu bewundern. Ich vermute mal, das haben sie auch gemerkt.

Viele Monate vergingen, aber eines Tages machte ich mich tatsächlich auf den Weg zurück in das Krankenhaus und umarmte all diese Krankenschwestern.

Der schönste Moment war aber der Tag meiner Entlassung aus dem Krankenhaus St. Luke's. Alle Schwestern der Station brachten mich zum Fahrstuhl und anschließend zum Krankenwagen, der mich nach Hause fuhr. Geduldig hatten sie mich gefüttert, versorgt, gewaschen und weiß der Himmel alles für mich getan. Es war ein wunderbares Gefühl, nun von ihnen umringt zu werden. Es war so, als würden sie mir damit sagen: „Wir haben unser Bestes getan; jetzt liegt es an dir, wieder ganz gesund zu werden und uns irgendwann besuchen zu kommen."

Ich kann mir kaum ausmalen, wie krass die Veränderung für sie gewesen sein muss, die sie an mir gesehen hatten. Ich hing zwischen Leben und Tod, als ich ins Krankenhaus eingeliefert worden war – und nun konnte ich entlassen werden und wieder ins Leben zurückkehren!

10 Wieder in der Gemeinde

Meine Zwillingssöhne Joe und Christopher waren erst acht, als der Unfall geschah, meine Tochter Nicole war zwölf. Worunter ich besonders litt, war der Schmerz, mit dem meine Kinder fertigwerden mussten. Sie haben nicht viel darüber gesprochen, aber ich weiß, was in ihnen vorging.

Die folgenden Worte hat Joe selbst geschrieben, in der Zeit, als er bei seinen Großeltern gewohnt hat. (Ich habe die Rechtschreibfehler nicht korrigiert.)

hallo papa,
du bist der Beste. Ich hab dich liep und ich hoffe du makst die karte. Ich finde es schade, das dir das passiert ist.
Ich hab dich liep, papa.
Joe

Als ich wieder zu Hause war, eilte Joes Zwillingsbruder Christopher, wenn er aus der Schule kam, meistens gleich ins Wohnzimmer an mein Bett. Ohne ein Wort zu sagen, kam er zu mir und legte mir den

Kopf auf die Brust. Ich weiß nicht, wie lange er in dieser Haltung blieb, wahrscheinlich nicht mal länger als eine Minute.

Er schwieg, es war auch gar nicht nötig, dass er irgendetwas sagte. Diese einfache Geste sagte alles. Ich fühlte mich so geliebt von meinem Sohn.

Nach ungefähr einer Minute ging er dann in sein Zimmer, zog sich um und lief nach draußen zum Spielen.

Mit Nicole erlebte ich ungefähr sechs Monate nach dem Unfall einen ganz besonderen Moment. Als sie alt genug war, kam sie zu den Acteens, in den Mädchenkreis, den unsere Gemeinde anbot. Als Nicole dreizehn wurde, teilte man ihr mit, dass sie eine besondere Auszeichnung für ihren Einsatz erhalten sollte. Es war so etwas wie eine „Königinnen-Krönung", die immer im Rahmen einer kleinen Gemeindefeier durchgeführt wird. In diesem Zusammenhang hatte sie so viel zu tun, dass sie eine Zeit lang nicht bei uns wohnen konnte. Freunde von uns nahmen sie bei sich auf.

Von mir konnte Nicole keine Unterstützung bekommen, ich war ja froh, überhaupt am Leben zu sein. Auch ihre Mutter konnte ihr nicht viel helfen, weil meine Frau jeden Tag nach der Arbeit sofort zum Krankenhaus fuhr, um mich zu besuchen, und sie blieb bis zum Abend an meiner Seite.

Aus diesen Gründen waren wir alle ziemlich stolz darauf, dass Nicole es ohne unsere Hilfe geschafft hatte.

Ich bin dankbar, dass die Ärzte mich gerade rechtzeitig zu dieser „Krönung" aus dem Krankenhaus entließen. Ich wollte unbedingt daran teilnehmen. Für Nicole war die Auszeichnung das bislang größte Ereignis in ihrem Leben, und ich wünschte mir, dass sie es mit mir gemeinsam erleben konnte.

Ich saß in einem Rollstuhl, und Nicole hielt meinen Arm, während ich nach vorne rollte. Chris und Joe liefen hinter uns und trugen auf einem Kissen die Krone und das Szepter. Außerdem schoben sie meinen Rollstuhl. Ich hatte ein frisch gebügeltes Hemd und Krawatte an (zum ersten Mal seit dem Unfall), dazu meine Jogginghose, die wegen des Fixateurs an der Seite aufgetrennt war.

Nicole war nicht nur begeistert, dass ihr Papa bei diesem besonderen Ereignis dabei war; sie war geradezu außer sich vor Freude, dass ich sie sogar nach vorne „führen" konnte.

Mit Tränen in den Augen rollte ich nach vorne. Hier und da hörte ich ein gerührtes Schluchzen.

Ich glaube, ursprünglich hatten mich die Ärzte nach Hause geschickt, weil sie dachten, ich hätte im Umfeld meiner Familie bessere Heilungschancen. Außerdem waren die medizinischen Kosten zu Hause natürlich viel niedriger. Was auch immer der Grund war, ich freute mich jedenfalls, endlich aus dem Krankenhaus heraus zu sein.

Allerdings war es zu Hause nicht viel leichter für mich, geschweige denn für meine Frau. Unser

Wohnzimmer hatte sich in eine Krankenstation verwandelt.

Trotzdem besserte sich meine Stimmung schon allein durch all die vertrauten Dinge um mich herum. Ich erfreute mich am Ausblick durch das Fenster und war froh, nicht ständig Leute im weißen Kittel um mich herum zu haben.

Vom Krankenhaus bekam ich ein entsprechendes Bett, an dem das Trapez angebracht war, damit ich mich daran hochziehen konnte, genau wie in der Klinik. Jeden Tag schaute eine Krankenschwester nach mir, jeden zweiten Tag kam ein Physiotherapeut.

Einige der schönsten Erinnerungen an jene Zeit sind die freundlichen Menschen, die mir einfach nur Gesellschaft leisteten, wenn Eva zur Arbeit ging. Als die Mitglieder meiner Gemeinde hörten, dass meine Frau wieder unterrichten musste (sie wollte ja nicht ihre Stelle verlieren), halfen sie, wo sie konnten.

Ginny Foster, die Frau des Hauptpastors, stellte eine Gruppe von Leuten zusammen, die mich jeden Tag besuchte. Sie nannte den Trupp scherzhaft die „Don-Patrouille" – und die bestand hauptsächlich aus Frauen der Gemeinde und einigen Rentnern.

Eva war täglich ungefähr sieben Stunden außer Haus. Gewöhnlich schlief ich erst um zwei oder drei Uhr nachts ein und wachte dann gegen zehn Uhr wieder auf. Die Don-Patrouille schaute ungefähr um neun vorbei, während ich noch schlief. Entweder machten sie mir dann das Mittagessen oder brachten etwas zu essen mit.

Oft wachte ich auf und fand eine strickende ältere Dame am Fußende meines Bettes vor. Oder einen unserer Rentner, der Zeitung las. Er senkte die Zeitung dann ein wenig und grinste mich an: „Guten Morgen, Mr Piper. Wie geht es Ihnen?"

Jeden Tag sah ich neue Gesichter. Aber das Ziel meiner Besucher blieb dasselbe: auf Don aufpassen und ihm Gesellschaft leisten.

Als ich so in meinem Bett lag, wurde mir klar, wie viel wir anderen zu verdanken hatten. Während ich noch im Krankenhaus war, hatten Freunde aus der Gemeinde unseren Umzug in ein neues Haus organisiert, wo ich ebenerdig untergebracht werden konnte und mir keine Sorgen mehr wegen der Treppe machen musste.

Tagsüber schaute ich oft durch das Verandafenster meines „Krankenzimmers" nach draußen. Mehrmals sah ich dabei zu, wie zwei der Jugendlichen, Brandon und Matt, zusammen mit ihrem Kumpel Chris unseren Rasen mähten. Eines Abends lieh sich Chris unseren Van aus und überraschte mich mit einer Spritztour ins Kino. An den Film kann ich mich nicht mehr erinnern. Aber ich werde nie vergessen, wie aufmerksam Chris mir gegenüber stets war. Einmal fegte ein Sturm unseren Zaun davon, und noch ehe meine Frau sich darum kümmern konnte, hatte er ihn schon repariert.

Die gutherzigen Mitglieder der Don-Patrouille fuhren mich monatelang auch zu meiner Wassergymnastik. Außer zu dieser Therapie verließ ich das Bett für höchstens fünf Minuten am Tag. An manchen Tagen blieb ich auch rund um die Uhr im Bett.

Am schlimmsten war es für mich, dass ich in diesem medizinischen Bett völlig unselbstständig war. Ich konnte nicht alleine aufstehen oder sonst irgendwas tun. Ohne die Hilfe des Physiotherapeuten hätte ich mich nie wieder aufsetzen können und hätte nie gelernt, selbstständig zu gehen.

Langsam, Schritt für Schritt, erlernte ich wieder den aufrechten Gang. Als ich das erste Mal alleine aufstehen konnte, machte ich drei Schritte. Erschöpft ließ ich mich wieder auf das Bett sinken. Aber ich lächelte: Ich war gegangen. Drei Schritte, das klingt nach nichts, aber für mich war das ein enormer Fortschritt.

„Ich hab's geschafft!", schrie ich das leere Zimmer an. „Ich bin gelaufen! Ich bin gelaufen!"

Dieser Schritt erinnerte mich daran, für wie selbstverständlich wir vieles halten: reden, gehen, leben. Lange Zeit kamen diese Dinge für mich praktisch einer Besteigung des Mount Everest gleich.

Reden, gehen, leben – das gehörte mit zu den schönsten Erinnerungen an meine Genesung. Diese drei „Aktionen" überzeugten mich davon, dass es mit mir bergauf ging. Jetzt hatte ich Ziele, auf die ich hinarbeiten konnte. Der schlimmste Teil des Heilungsprozesses lag hinter mir. Ich wusste, dass es von nun an besser werden würde. Jeden Tag machte ich ein paar Schritte mehr. Zum Ende der Woche war ich einmal durchs ganze Wohnzimmer gelaufen.

Wenn Eva nach Hause gekommen war und sich meinen täglichen Fortschritt vorführen ließ, gab mir ihr Lächeln ein Gefühl, als hätte ich einen Marathon gewonnen. Voller Freude sah sie eines Nachmittags zu, wie ich ihr demonstrierte, dass ich ganz allein durch unser Haus gehen konnte.

Bereits eine Woche nach meiner Entlassung aus dem Krankenhaus hatte ich den Entschluss gefasst, am Sonntagmorgen zum Gottesdienst zu gehen. Zusammen mit einigen Gemeindemitgliedern stellten wir Pläne auf, wie das über die Bühne gehen könnte. Falls ich es doch nicht schaffte, wollten wir niemanden enttäuschen, also beschlossen wir, meinen Besuch der Gemeinde nicht anzukündigen.

Zu dieser Zeit konnte ich schon im Rollstuhl sitzen – vorausgesetzt, jemand hob mich aus dem Bett und setzte mich in den Stuhl –, aber ans Aufstehen war zu diesem Zeitpunkt noch nicht zu denken. Sechs Freunde aus der Gemeinde kamen vorbei und bauten die Sitze aus einem unserer Gemeindebusse aus. Vor der Kirche hatten sie eine kleine Rampe gebaut, um mich bis an die Tür schieben zu können.

Ich musste die ganze Zeit daran denken, wie viel Arbeit ich ihnen machte. Mehrmals setzte ich zu einer Entschuldigung an, aber sie versicherten mir, es sei ihnen eine Freude.

Dann fielen mir wieder Jays Worte ein. Meine Familie und meine Freunde hatten mich gleich nach dem Unfall gesehen. Ich selbst habe nie gesehen, in welchem Zustand ich damals war. Sie mussten den Schock und die Angst um mein Leben aushalten. In mancher Hinsicht war dies für meine Familie und meine Freunde eine schwerere Prüfung als für mich. Nun waren sie froh, mir helfen zu können. Gewissermaßen war dies ein Teil ihres eigenen Heilungsprozesses, und so waren sie glücklich, etwas Besonderes für mich tun zu können.

Trotzdem war es immer noch nicht einfach, sie das alles für mich tun zu lassen. Ich fühlte mich so hilflos und abhängig von ihnen. Als mir das wieder einmal klar wurde, musste ich lächeln.

„Danke", sagte ich und ließ es dann zu, dass sie sich um mich kümmerten.

Vorsichtig luden sie mich in den Kleinbus, fuhren zur Kirche und hielten am Nebeneingang. Als sie die Schiebetür öffneten, erkannten mich einige aus der Gemeinde sofort.

„Guckt mal, da ist Pastor Don!", rief jemand.

Ich hörte Jubel und Applaus, während die Leute um mich herum den Weg für den Rollstuhl freimachten. Die Menschen stürmten auf mich zu; es kam mir vor, als ob jeder meine Hand schütteln oder mich berühren wollte. Ich konnte gar nicht glauben, dass sie wegen mir solch einen Aufstand machten.

Endlich schob mich jemand in den Gottesdienstraum und stellte meinen Rollstuhl vorne neben der Orgel ab. Mich auf die Bühne zu heben war unmöglich.

Mittlerweile hatte die ganze Versammlung mitbekommen, dass ich da vorne saß. Ich lächelte und dachte: Es hat fünf Monate gedauert, bis ich wieder in die Kirche kommen konnte. Ich bin vielleicht nicht der Schnellste, aber eisern.

In genau diesem Moment flüsterte mir jemand ins Ohr: „Wir würden uns freuen, wenn Sie ein paar Worte sagen könnten." Derjenige, der das gesagt hatte, schob mich prompt direkt vor die Kanzel.

Die liebevolle Reaktion der Gemeinde überwältigte mich vollkommen. Ich war nicht sicher, ob ich in diesem Zustand reden konnte. Was sollte ich sagen nach meiner langen Abwesenheit und allem, was ich durchgemacht hatte?

Jemand drückte mir ein Mikrofon in die Hand. Dann brach lauter Applaus aus. Alle waren aufgestanden, und der Beifall wollte gar kein Ende nehmen. Schließlich versuchte ich sie mit einer Geste zum Verstummen zu bringen.

Da sprach Gott zu mir. Es war eine der wenigen Gelegenheiten, wo ich deutlich seine Stimme in meinem Kopf vernehmen konnte.

Sie applaudieren nicht dir.

Diese Worte wirkten sofort, ich wusste nun, was ich zu sagen hatte. Die Leute dankten Gott für das, was er für mich getan hatte. Gott hatte mich vom Tod ins Leben zurückgebracht. Ich entspannte mich. Dieser Moment galt allein der Ehre Gottes, das war kein Beifall für mich.

Ich musste trotzdem noch eine ganze Weile warten, bis der Applaus schließlich verebbt war. Ich sprach nur wenige Worte. Jeder, der an diesem Tag in der Kirche war, kann sie bestätigen: „Ihr habt gebetet, und darum bin ich hier."

Die Gemeinde brach erneut in Jubel aus. Wenn ich noch mehr gesagt hätte, hätten die Leute es ohnehin nicht mehr gehört.

Ich konnte das an jenem Tag nicht aussprechen, aber damals glaubte ich – und ich glaube es immer noch –, dass ich nur deshalb überlebt habe, weil eine große Menge von Leuten wollte, dass ich überlebe. Sie glaubten, dass Gott sie hören würde. Ja, es hatten Leute für mich gebetet, die noch nie zuvor so ernstlich gebetet hatten.

Als ich dann tatsächlich am Leben blieb, erklärten genau diese Leute – vor allem diejenigen, die zuvor nur selten gebetet hatten –, dass diese Erfahrung ihr Leben grundlegend verändert hat. Darunter waren auch Menschen, denen ich nie zuvor begegnet war, die von meiner Geschichte aus zweiter, dritter und vierter Hand erfuhren.

Während der folgenden drei Jahre kamen immer wieder Leute zu mir und sagten: „Ich habe dieses

Interview mit Ihnen gesehen. Sie sind das doch?! Ich habe für Sie gebetet." Oder sie hörten über eine der Audiokassetten von mir, die meine Gemeinde unters Volk brachte, und erzählten mir: „Sie haben keine Vorstellung, was das für mich bedeutet. Gott hat unsere Gebete erhört, und wir sind so froh, dass Sie leben."

Für manche Menschen bin ich gar keine wirkliche Person, sondern ein Symbol, ein Bild dafür, dass Gott Gebete erhört. Sie hatten Gott angefleht, dass ich überlebe, und ich überlebte. Ich weiß selbst nicht so recht, was ich davon halten soll; das ist einfach eine Sache, die meinen Horizont übersteigt.

Seitdem ich angefangen habe, anderen von meiner Erfahrung im Himmel zu erzählen, sind zahllose Menschen mit ihren Fragen zu mir gekommen: „Gibt es den Himmel wirklich?" oder: „Wie ist es im Himmel?"

Oder sie wollen es ganz genau wissen und fragen nach den Liedern, die ich dort gehört hatte, und den Straßen aus Gold. Und einer ist immer dabei, der vor kurzem einen lieben Menschen verloren hat.

Allein die Tatsache, dass ich im Himmel war, auf die Erde zurückgekehrt bin und nun davon berichten kann, scheint für viele ein großer Trost zu sein. Manchmal überrascht mich das selbst.

Andere bemerken die Spuren, die der Unfall an meinem Körper hinterlassen hat, und sagen: „Sie sind ein Wunder – wegen all der Dinge, die Sie durchgemacht haben. Sie sind ein Wunder auf zwei Beinen."

11 Meine Berufung, vom Himmel zu erzählen

Gott gebrauchte meinen engsten Freund David, um mich am Leben zu erhalten, und dafür bin ich dankbar. Fast zwei Jahre nach meinem Unfall hatte er noch einmal einen Auftrag für ihn.

Bis dahin hatte ich noch mit keinem über meine Erfahrung im Himmel gesprochen. Ganz allgemein hatte ich mit Eva darüber geredet, aber ich hatte das Gespräch stets abgebrochen, bevor sie mir Fragen stellen konnte. Ich muss ihr zugute halten, dass sie nie nachbohrte. Es ging auch nicht darum, ihr etwas vorzuenthalten; ich konnte einfach nicht über diese Erfahrung reden. Ungefähr anderthalb Jahre nach meiner Entlassung aus dem Krankenhaus besuchte mich David bei mir zu Hause.

Als wir beide allein waren, kehrte blitzartig die Erinnerung an die Zeit auf der Intensivstation zurück, als ich ihm erzählt hatte, dass ich nicht mehr konnte. Damals hatte er mir versprochen, er würde mich durch diese Sache „hindurchbeten". Wir sprachen nun über jenen Tag, und ich dankte ihm noch einmal für seine Freundschaft und seine Gebete.

„Wie fühlst du dich jetzt?", wollte er wissen.

„Ich hab Schmerzen." Ich versuchte zu lachen und fügte hinzu: „Ich hab immer Schmerzen, aber das ist für mich jetzt nicht das Schlimmste."

Er lehnte sich näher zu mir. „Was ist denn das Schlimmste?"

„Ich weiß nicht, wie es mit mir weitergeht. Mir fehlt jede klare Richtung für meine Zukunft."

David hörte zu, wie ich von den Dingen erzählte, die ich gerne machen wollte, und von den Sachen, zu denen ich körperlich nicht mehr in der Lage war. Ich erzählte ihm auch von meinem Zweifel daran, ob es wirklich Gottes Wille ist, dass ich weiter für die Gemeinde arbeite. Ich fühlte mich dort zwar geliebt und gebraucht, aber war mir nicht sicher, ob es wirklich der richtige Ort für mich ist.

David hörte mir aufmerksam zu und fragte dann mit sanfter Stimme: „Was hast du aus deinem Unfall und der Genesungszeit gelernt?"

Drei oder vier Minuten lang berichtete ich ihm von meinen Fortschritten darin, mich zu öffnen und mir von anderen helfen zu lassen. Dann sagte ich: „Vor allem aber habe ich inmitten all dieses Leids und der Verzweiflung erfahren, dass es den Himmel wirklich gibt."

Er zog die Augenbrauen hoch. „Was meinst du damit?"

Langsam, nur sehr zögernd verriet ich ihm ein wenig – sehr wenig – von meiner Stippvisite im Himmel.

„Erzähl mir mehr davon", sagte er, und ich empfand das nicht als drängend. Er war mein Freund und wollte es einfach wissen. Außerdem spürte ich instinktiv, dass ich David vom Himmel erzählen konnte; er würde es verstehen, soweit ein Mensch überhaupt dazu in der Lage ist.

Er beugte sich vor, und seine Augen funkelten vor Interesse.

Nachdem ich ihm von meiner Erfahrung im Himmel berichtet hatte, sagte er erst mal nichts. Eine friedliche Stille breitete sich im Raum aus. So war unsere Freundschaft: Wir brauchten nicht viele Worte.

Schließlich nickte David bedächtig und fragte: „Warum hast du nicht schon früher davon erzählt?"

„Aus zwei sehr guten Gründen. Erstens: Wenn ich durch die Gegend laufe und vom Himmel erzähle, werden mich die Leute für verrückt halten."

„Wie kommst du denn darauf? Ich hab dir zugehört, und ich denke nicht –"

„Zweitens", unterbrach ich ihn, „möchte ich diese Erfahrung nicht wieder aufwärmen. Das ist ... das ist einfach viel zu persönlich. Zu besonders. Ich möchte das ja niemandem vorenthalten, aber ich kann einfach nicht gut darüber sprechen."

„Warum hast du wohl einen Vorgeschmack vom Himmel kosten dürfen, wenn du jetzt niemandem davon erzählst?"

„Ich habe eine bessere Frage für dich, die ich mir selbst schon oft gestellt habe: Warum durfte ich all das erleben und bekam es dann wieder weggenommen? Was sollte das eigentlich?"

Der Ärger, der sich monatelang angestaut hatte, brach sich Bahn. „Und warum musste ich das überhaupt alles durchmachen, all die Schmerzen? Ich habe die Herrlichkeit und Schönheit des Himmels gesehen – die überwältigendste Erfahrung meines Lebens – und dann musste ich wieder hierher zurück. Warum? Deswegen?" Ich zeigte auf meinen Arm und mein Bein. „Ich hatte einen Unfall, der mich mein Leben kostete. Unvermittelt fand ich mich im Himmel wieder. Dort war es großartiger und wunderbarer, als ich mir je hätte träumen lassen. Und dann wurde ich zurück auf die Erde gezogen, in dieses Leben hier. Mein Körper ist ein Wrack, ich habe ständig Schmerzen. Ich werde nie wieder gesund und stark sein."

David sah mich einfach nur an und wiederholte seine Frage: „Warum hast du wohl einen Vorgeschmack vom Himmel kosten dürfen, wenn du jetzt niemandem davon erzählst?"

„Ich weiß auf diese Frage keine Antwort."

„Kann es nicht sein, dass Gott dich gerade deshalb zum Himmel und wieder zurückgeführt hat, damit du davon erzählst? Ist dir nicht klar, wie sehr du anderen damit Mut machen könntest?"

Seine Worte machten mich sprachlos. Ich war so lange nur auf mich fixiert gewesen, dass ich an andere gar nicht mehr gedacht hatte. Ich versuchte ihm zu erklären, was in mir vorging. Ich weinte vor seinen Augen, und ich wusste, dass das gut so war.

Ungefähr zwanzig Minuten lang sprachen wir darüber, wie ich andere an meiner Erfahrung teilhaben lassen konnte. David meinte, ich solle mir einen Ruck geben, womit er recht hatte, aber es war trotzdem nicht einfach für mich.

Zuletzt erklärte David: „Ich möchte, dass du einen Pakt mit mir schließt."

„Was für einen Pakt?"

„Ganz einfach. Such dir ein paar Leute deines Vertrauens aus. Erzähl ihnen ein wenig von deiner Erfahrung und beobachte genau ihre Reaktion."

Sollten sie mich für verrückt halten, wäre ich nicht mehr verpflichtet, je wieder von dieser Erfahrung zu erzählen.

„Aber wenn sie sich mit dir freuen", fuhr er fort, „und wenn sie gerne mehr davon hören wollen, dann möchte ich, dass du das als Zeichen auffasst – ein Zeichen dafür, dass Gott möchte, dass du den Menschen von deinen 90 Minuten im Himmel erzählst."

Ich wog seinen Vorschlag genau ab, dann schloss ich diesen Pakt mit ihm. „Das ist das Mindeste, was ich tun kann."

„Und wann geht es los?"

„So schnell wie möglich. Versprochen."

„Möglichst sofort, okay?"

„Okay, ich verspreche, die Sache nicht auf die lange Bank zu schieben."

David betete für mich, und während ich ihm dabei zuhörte, war ich mir plötzlich sicher: Ich musste davon erzählen, ich hatte keine andere Wahl.

Als Erstes musste ich mich für die Menschen entscheiden, denen ich mein heiliges Geheimnis anvertrauen konnte.

Sobald ich eine Handvoll zusammen hatte, sorgte ich dafür, dass ich mit jedem von ihnen unter vier Augen sprechen konnte. Ich wartete dann geduldig, bis wir auf meine Gesundheit zu sprechen kamen – was früher oder später immer der Fall war –, und dann sagte ich ganz lapidar: „Weißt du, eigentlich bin ich an jenem Tag gestorben. Und als ich aufwachte, war ich im Himmel."

Die Reaktion der Leute war stets dieselbe: „Erzähl mir mehr davon." Sie gebrauchten vielleicht nicht genau diese Worte, aber das war es, was sie wollten. Ich sah, wie sie mit großen Augen vor mir saßen und mehr wissen wollten.

Und tatsächlich hat keiner je gedacht, ich wäre verrückt.

„Du musst den Menschen davon erzählen", meinte einer meiner Freunde.

„Diese Erfahrung darfst du nicht für dich behalten", sagte ein anderer. „Das geht alle an. Das geht mich an."

Innerhalb von zwei Wochen bekam ich all diese Reaktionen, und ich fühlte mich wieder wie an jenem Tag, als Jay mich zurechtgestutzt hatte. Damals wollte ich mir nicht helfen lassen – was egoistisch gewesen war. Und jetzt wollte ich niemandem von meinem himmlischen Erlebnis erzählen – was genauso egoistisch war.

Na gut, dann erzähle ich es eben den Leuten, nahm ich mir vor.

Da natürlich jeder von meinem Autounfall wusste, nutzte ich das immer als Aufhänger für ein Gespräch über meine Zeit im Himmel. Am Anfang noch recht zurückhaltend, doch als ich merkte, dass die Leute mir immer wieder Mut machten, ging ich allmählich offener mit meiner Geschichte um.

Ich wusste nun zwar, dass ich das Richtige tat, aber es fiel mir trotzdem noch schwer. Auch heute erzähle ich von meiner Stippvisite im Himmel nur, wenn mich jemand danach fragt – vorausgesetzt, die Person hat ein ehrliches Interesse daran. Von mir aus rede ich nicht darüber.

Das ist auch der Grund, warum ich erst viel später dieses Buch schreiben konnte. Diese Erfahrung war so persönlich, dass es nicht gerade angenehm ist, sie immer wieder hervorzukramen.

Heute spreche ich sowohl privat als auch in der Öffentlichkeit immer wieder über meine Erfahrung. Ich schreibe auch darüber, weil meine Geschichte offenbar vielen Menschen sehr viel bedeutet, und zwar aus ganz unterschiedlichen Gründen. Ein Beispiel: Wenn ich vor einem größeren Publikum spreche, ist immer jemand darunter, der erst kürzlich einen geliebten Menschen verloren hat. So jemand braucht die Gewissheit, dass es den Himmel wirklich gibt.

Wenn ich mit meinem Vortrag fertig bin, bin ich jedes Mal erstaunt, wie schnell sich eine lange Schlange von Menschen bildet, die alle persönlich mit mir sprechen wollen. Viele haben Tränen in den Augen und Sorgenfalten im Gesicht. Ich bin dankbar, dass ich ihnen ein wenig Frieden und Trost geben kann.

Ich habe mittlerweile eingesehen, dass meine Worte tatsächlich andere trösten können, aber von mir aus wäre ich nie darauf gekommen. Hätte David mir nicht diesen Schubs in die richtige Richtung gegeben, hätte ich nie jemandem davon erzählt. Ich bin froh, dass er nicht locker gelassen hat.

Meine Erfahrung im Himmel hat meine Perspektive auf das Leben in vielerlei Hinsicht verändert. Vor allem bin ich nun ganz gewiss, dass Gott Gebete erhört. Ich verdanke mein Leben solchen erhörten Gebeten.

Außerdem habe ich einen unerschütterlichen Glauben daran, dass Gott ein Experte für Wunder ist. Täglich danke ich Gott dafür, dass ich selbst ein Wunder bin, das lebt, geht und spricht.

Und schließlich wünsche ich mir, dass möglichst viele Menschen in den Himmel kommen. Ich habe immer schon geglaubt, dass es den Himmel gibt und dass er für Gottes Volk bestimmt ist. Nachdem ich selbst dort gewesen bin, ist es mein dringender Wunsch, den Weg freizumachen. Ich empfinde es als Verantwortung, auf meine Weise dazu beizutragen, dass möglichst viele Menschen ihr Leben Jesus geben, weil ich weiß, dass es den Himmel wirklich gibt und Jesus der Weg ist, um dorthin zu kommen.

Einmal sprach ich mit Dick über dieses Thema, also mit jenem Pastor, der an der Unfallstelle für mich gebetet hatte. Ich sagte ihm: „Dick, ich möchte dir noch einmal dafür danken, dass du mein Leben gerettet hast. Ich kann dir nicht genug für deine Treue und deinen Gehorsam Gott gegenüber danken."

Dick erklärte mir daraufhin, dass er selbst in einer ganz neuen Freiheit lebte, seitdem er von meiner Erfahrung gehört hatte. Er sprach nun mit einer unerschrockenen Offenheit von Jesus, die er früher nicht gekannt hatte.

Die Hand, die mich hielt

Etwas mehr als ein Jahr nach meinem Unfall hatte ich das Vorrecht, in Dicks Gemeinde meine Geschichte zu erzählen. Seine Frau Anita und meine Familie waren mit dabei. Weil ich immer noch Schienen an den Beinen trug, mussten mir zwei Leute ans Rednerpult helfen. Ich erzählte allen von meinem Unfall und von Dicks Rolle bei meiner Rettung. „Ich bin überzeugt, dass ich heute am Leben bin, weil Dicks Gebet mich zurück auf die Erde geholt hat", sagte ich. „Als ich wieder zu Bewusstsein kam, fielen mir vor allem zwei Dinge auf. Zum einen sang ich ‚Welch ein Freund ist unser Jesus', und zum anderen hielt Dick meine Hand fest umklammert."

Im Anschluss an den Morgengottesdienst gingen wir mit einigen anderen Gemeindegliedern in einem chinesischen Restaurant essen. Anita saß mir gegenüber. Ich erinnere mich noch, wie ich meine Wan-Tan-Suppe schlürfte.

In einer Gesprächspause beugte sich Anita zu mir herüber und flüsterte: „Ich bin dir sehr dankbar für das, was du heute Morgen gesagt hast."

„Vielen Dank."

„Aber eine Kleinigkeit muss ich doch anmerken. Da hat etwas nicht gestimmt in deinem Bericht."

„Ach ja?" Ihre Worte überraschten mich. „Was habe ich denn Falsches gesagt?"

„Du hast doch erzählt, wie Dick zu dir ins Auto gekrochen ist. Und dann hast du gesagt, er hätte während seines Gebets deine Hand gehalten."

„Ja, daran kann ich mich noch genau erinnern. Ich habe ein paar Gedächtnislücken, das meiste habe ich vergessen. Aber eine Sache ist mir noch ganz gegenwärtig: Wie Dick bei mir im Auto war und meine Hand gehalten hat."

„Das stimmt schon, er ist ins Auto gekrochen und hat für dich gebetet." Sie beugte sich noch weiter vor. „Aber, Don, deine Hand hat er nicht gehalten."

„Ich weiß ganz sicher, dass er meine Hand gehalten hat."

„Das kann gar nicht sein. Das war physikalisch gar nicht möglich."

„Aber diese Erinnerung steht mir noch so lebhaft vor Augen, das ist eine der wenigen –"

„Überleg doch mal. Dick kroch in den Kofferraum, streckte seinen Arm über den Rücksitz und legte dir die Hand auf die Schulter. Du warst nach vorn gekrümmt, und dein linker Arm hing in Fetzen."

„So kann man es sagen."

„Dick hat erzählt, dass du zur Beifahrerseite hin über dem Sitz hingst."

Ich schloss die Augen und stellte mir die Situation vor, die sie schilderte. Ich nickte.

„Deine rechte Hand lag auf der Fußmatte des Beifahrersitzes. Trotz der Plane über dem Wagen fiel genug Licht hinein, dass Dick deine Hand auf dem Boden sehen konnte. Es war schlicht unmöglich für Dick, an deine Hand zu kommen."

„Aber ... aber", stammelte ich.

„Jemand hat deine Hand gehalten. Aber ganz sicher nicht Dick."

„Wenn es Dick nicht war, wer dann?"

Sie lächelte mich an und sagte: „Da kommst du bestimmt selbst drauf."

Ich legte meinen Löffel hin und sah sie ein paar Sekunden an. Ich hatte keinen Zweifel daran, dass irgendwer meine Hand gehalten hatte. Dann verstand ich. „Ja, ich glaube, ich weiß es."

Sofort fiel mir die Stelle im Hebräerbrief ein, wo es heißt, dass wir ohne unser Wissen Engel beherbergen.

Als ich darüber nachdachte, erinnerte ich mich an andere Situationen, die sich nur geistlich erklären ließen. Zum Beispiel ging es mir in meinem Krankenhauszimmer mitten in der Nacht oft besonders schlecht. Ich habe dann niemals jemanden gesehen oder gehört, aber da war dieses Gefühl, dass ich nicht alleine war, dass jemand – etwas – bei mir war und mich tröstete und ermutigte. Auch darüber hatte ich bislang mit keinem gesprochen. Ich hatte selbst keine Erklärung dafür, deshalb war ich davon ausgegangen, dass auch andere es nicht verstehen würden.

Es handelte sich um ein weiteres Wunder, das ich nie erkannt hätte, wenn Anita mich nicht auf meinen Irrtum aufmerksam gemacht hätte.

2001 starb Dick an einem Herzinfarkt. Ich muss gestehen, dass ich zwar traurig über seinen Tod war, aber mich auch darüber freute, dass er jetzt in der Herrlichkeit ist. Dick hat mein Leben gerettet, und Gott hat ihn vor mir in den Himmel berufen. Ich war froh, dass er von meinem Kurzbesuch im Himmel hatte hören können, bevor er selbst die Reise antrat.

Anita ist zu einer guten Freundin der Familie geworden, und mein Bericht über den Himmel hat ihr inneren Frieden gegeben: Sie weiß, dass Dick nun bei Jesus ist. Seit dieser Begebenheit mit ihr im Restaurant bin ich umso überzeugter, dass Gott mich aus gutem Grund auf die Erde zurückgebracht hat. Dieser Engel, der meine Hand gehalten hat, war Gottes Art, mir zu versichern, dass er mich nicht im Stich lässt, egal wie schwer es auch wird.

Ich spüre diese Hand vielleicht nicht jeden Tag, aber ich weiß, dass es sie gibt.

13 Eine neue Normalität

Von manchen Schicksalsschlägen erholen wir uns nie, sie teilen unser Leben in zwei Hälften. So ist das nun mal. Wir müssen das Alte vergessen und die „neue Normalität" akzeptieren.

Ich habe viel Zeit damit verschwendet, Erinnerungen nachzuhängen – Erinnerungen daran, wie es vor dem Unfall war, als ich vor Gesundheit und Kraft nur so strotzte. Ich versuchte, mir mein altes Leben zu rekonstruieren, so wie es eigentlich sein sollte; aber in Wahrheit wusste ich, dass dieses Leben ein für alle Mal vorbei war. Ich musste meine körperlichen Unzulänglichkeiten annehmen und mein Leben entsprechend neu einrichten.

Als Kind saß ich oft auf dem großen braunen Teppich im Wohnzimmer meiner Urgroßeltern und hörte ihnen zu, wie sie von der guten alten Zeit erzählten. Nach einigen von diesen Geschichten fand ich, dass ihre Erinnerungen auch nicht so toll klangen. Aber für sie waren sie es vielleicht.

Wenn uns im Leben etwas zustößt, dann kommen wir oft an einen Punkt, an dem wir noch einmal die Zeit zurückdrehen würden. Das geht natürlich nicht, aber wir träumen trotzdem weiter davon.

Als Jugendlicher arbeitete ich eine Weile als Radio-DJ. Wir spielten viele Oldies, und die Anrufer, die sich bestimmte Lieder wünschten, meinten oft, dass die Musik früher einfach besser gewesen wäre als die von heute.

In Wahrheit ist es so, dass auch „damals" schon gute und schlechte Lieder gespielt wurden, nur erinnert sich keiner mehr an die schlechten. So wird es den heutigen Liedern auch ergehen. Kein Zuhörer hat sich je einen Song gewünscht, der richtig mies war. Die guten Songs lassen die Vergangenheit in einem hellen Licht strahlen, so, als ob es überhaupt nur gute Lieder gegeben hätte. Aber auch vor 30 oder 50 Jahren gab es schon schlechte Musik – jede Menge sogar, ehrlich gesagt.

Genauso ist es mit unseren Erfahrungen. Wir vergessen die schlechten und sehnen uns nach den guten zurück.

Nachdem ich das einmal begriffen hatte, nahm ich mir vor, aufzuhören, mich in die Vergangenheit zurückzuträumen. Jener Teil meines Lebens war vorbei, ich würde nie wieder gesund und stark sein. Das Einzige, was ich tun konnte, war, meine neue Normalität zu entdecken.

Jawohl, sagte ich mir, es gibt Dinge, die ich nie wieder tun können werde. Das gefällt mir nicht, es macht mich sogar wütend, aber das ändert nichts an der Sache. Je früher ich mich damit abfinde, desto schneller kann ich in Frieden leben und meine neue Normalität genießen.

Ein kurzes Beispiel, um das zu verdeutlichen:

Anfang 2000 fuhr ich mit einer Studentengruppe auf eine Skifreizeit in Colorado. Ich bin immer sehr gerne Ski gefahren, aber da ich das nun nicht mehr konnte, verbrachte ich meine Zeit in einem Clubhaus am Fuß der Hügel, sah aus dem Fenster und schaute den Studenten bei der Abfahrt zu. Plötzlich befiel mich eine Traurigkeit und ich dachte: Das war ein großer Fehler, ich hätte besser nicht hierherkommen sollen.

Ich freute mich zwar für die anderen, aber es schmerzte mich, nicht unter ihnen sein zu können.

Also dachte ich zum tausendsten Mal an alle die Dinge, die ich nicht mehr tun konnte. Als ich noch Hauptpastor meiner Gemeinde war, verabschiedeten sich die meisten Leute nach dem Morgengottesdienst an der Tür von mir. „Habe Ihre Predigt genossen", sagten sie, oder: „Sehr schöner Gottesdienst."

Die Kinder waren anders. Sie kamen angelaufen und überreichten mir ein selbstgemaltes Bild. Vor meinem Unfall hatte ich es stets genossen, wie sie um mich herumschwirrten. Ich ging dann in die Hocke, um auf Augenhöhe mit ihnen zu reden. Nach meiner Genesung ging das nicht mehr, ich hatte ihre strahlenden Gesichter nicht länger direkt vor meinen Augen wie früher, wenn ich mich hockend bei ihnen bedankt hatte: „Vielen Dank. Das Bild gefällt mir sehr. Das ist ganz lieb von dir."

Nach meinem Unfall konnte ich mich höchstens noch vorsichtig vorbeugen. Das mag keine große Sache sein, aber für mich ist es ein bedeutsamer Unterschied. Ich werde nie wieder in die Hocke gehen können. Ich kann die Knie nicht mehr beugen, um mit einem Kind auf Augenhöhe zu reden, weil meine Beine das einfach nicht mehr mitmachen.

Manchmal wird uns plötzlich etwas genommen, was uns selbstverständlich scheint, und von einem Moment auf den anderen ist unser Leben ein völlig anderes.

~

Während meines langen Krankenhausaufenthaltes brachte mir jemand einen Artikel über einen jungen Mann mit, der sein Augenlicht verloren hatte. Dieser Mann machte eine schwere Zeit durch, bis einer seiner Freunde sich endlich ein Herz nahm und ihm die Wahrheit sagte: „Du musst nach vorne schauen. Ich möchte, dass du im Kopf eine Liste zusammenstellst mit allem, was du immer noch tun kannst."

„Das wird aber eine kurze Liste", lautete die verbitterte Antwort.

„Mach es trotzdem. Denk an alles, was du noch tun kannst. Und ich rede hier auch von ganz einfachen Sachen, zum Beispiel: ‚Ich kann noch an Blumen riechen.' Sei so ausführlich, wie es geht. Wenn du fertig bist, zählst du sie mir auf."

Der Blinde willigte schließlich ein und fertigte im Kopf eine solche Liste an. Ich weiß nicht, wie lange das gedauert hat, aber als der Freund das nächste Mal bei ihm vorbeikam, lächelte der Blinde friedlich vor sich hin.

„Du scheinst heute in einer viel besseren Stimmung zu sein als bei meinem letzten Besuch", sagte der Freund.

„Das bin ich auch wirklich. Ich habe nämlich an meiner Liste gearbeitet."

„Wie viele Punkte hat die denn?"

„Bis jetzt ungefähr tausend."

„Das ist ja fantastisch."

„Einige der Dinge sind ganz einfach. Richtig große Sachen sind nicht dabei, aber es gibt Tausende von Dingen, die ich noch tun kann."

Die Veränderung war so radikal, dass der Freund wissen wollte, wodurch genau sie zustande gekommen war.

„Ich habe mich entschlossen, alles zu berücksichtigen, was ich kann. Je länger ich darüber nachdachte, desto weniger Einschränkungen sah ich. Ja, ich habe eingesehen: Es gibt Tausende von Sachen, die ich immer noch tun kann. Und ich werde sie auch tun, bis ans Ende meines Lebens."

Nach der Lektüre dieses Artikels sagte ich mir: Das ist genau das, was ich brauche – nicht immer wieder in der Vergangenheit bohren und mich selbst damit quälen, was ich alles nicht mehr kann. Ich muss entdecken, was ich jetzt habe – nicht nur um mich daran zu erfreuen, sondern auch, um zu erkennen, dass ich nicht hilflos bin.

In dem Artikel wurde der Blinde sinngemäß so zitiert: „Ich werde mir nicht den Kopf darüber zerbrechen, was ich nicht kann. Ich werde das tun, was ich gut kann."

Ich las diesen Artikel genau zur rechten Zeit. Gott hatte mir die Botschaft geschickt, die ich am dringendsten brauchte. Es war einer dieser machtvollen Augenblicke, die mich dazu brachten, mein Leben wieder in die Hand zu nehmen: „Was auch immer mir zur Verfügung steht, ich werde es optimal ausnutzen."

Für Eva waren die 105 Tage meines Krankenhausaufenthaltes am anstrengendsten von uns allen. Sie stand um 6 Uhr auf, erledigte rasch die nötige Hausarbeit und fuhr dann in die Schule, um zu unterrichten. Sobald die Schule aus war, fuhr sie sofort zu mir und blieb bis 22:30 Uhr an meiner Seite. Tag für Tag das immer gleiche stressige Programm.

Eine der größten Herausforderungen bestand für sie darin, ganz allein einen neuen Van für uns zu kaufen – der alte Wagen war ja nur noch Schrott. Zu dieser Zeit war ich schon wieder zu Hause und konnte mit Hilfe des Fixateurs ein wenig gehen. Wenn ich aber das Haus verlassen wollte, dann brauchten wir ein passendes Fahrzeug, das mich transportieren konnte. Keiner wusste, wann ich wieder in einem normalen Auto würde sitzen können.

Eva hatte noch nie einen Wagen gekauft, aber nun fuhr sie zu einem Händler, machte eine Testfahrt, entschied sich für das Gefährt und brachte es gleich mit nach Hause.

„Tadaa, hier ist unser neuer Van!", erklärte sie.

Ich war sehr stolz auf sie – und sehr dankbar.

In diesem Van lernte ich wieder zu fahren. Eines Tages, als die ganze Familie mit der Reinigung des Autos beschäftigt war, gesellte ich mich zu ihnen nach draußen, immer noch mit meinem Fixateur am Bein. Ich strich um den Wagen herum und bemerkte, dass die Fahrertür offen stand. Ich warf einen Blick hinein und überlegte, ob ich es mit meinen zwölf Kilo Stahl wohl irgendwie schaffen könnte, hinterm Lenkrad Platz zu nehmen. Als gerade keiner hinsah, wuchtete ich mich auf den Fahrersitz und ließ den Motor an. Meine Familie war entsetzt.

Eva kam an die Tür und rief: „Was machst du denn da?"

Ich lächelte und erklärte: „Ich fahr 'ne Runde spazieren."

„Das geht doch nicht", stammelte sie.

All ihrer Sorgen zum Trotz sagte etwas in mir, dass dies ein klassischer Fall von „jetzt oder nie" war.

Also parkte ich vorsichtig aus und drehte eine Runde um den Block. Es war keine lange Fahrt, aber sie stellte einen weiteren Meilenstein in meinem Genesungsprozess dar. Ich habe nach wie vor nicht viel für Sattelzüge und lange schmale Brücken übrig, aber ich komme in der Regel überall gut an.

Natürlich war es Evas Aufgabe, meine Termine zu machen und dafür zu sorgen, dass ich zweimal in der Woche bei meinem Arzt vorbeischaute. Und ich muss zugeben, dass ich kein sehr pflegeleichter Patient war. Als es mir langsam besser ging, wurde ich ungeduldig und fordernd (was mir damals nicht bewusst war), und Eva hatte es oft nicht leicht, es mir recht zu machen, obwohl sie gut mit der Situation umging.

Ich war einfach sehr unglücklich. Viele meiner Probleme hatte ich deswegen, weil ich mich so hilflos fühlte. Lange Zeit konnte ich mir nicht einmal alleine ein Glas Wasser besorgen. Selbst wenn ich es geschafft hätte, das Wasser einzugießen, hätte ich es nicht ohne fremde Hilfe trinken können. Die einfachsten Aufgaben gaben mir das Gefühl, völlig nutzlos zu sein.

Oft musste meine Frau kurzfristig Entscheidungen treffen, ohne sich mit mir zu beratschlagen. Sie tat das, so gut sie konnte. Manchmal, wenn sie mir dann von ihrer Entscheidung erzählte, fiel mir nichts Besseres ein als gleich zu sagen, dass ich es anders gemacht hätte. Ich merkte dann zwar sofort, dass ich sie damit verletzte, aber da war es schon zu spät. Ich musste mir und ihr immer wieder sagen: „Es tut mir leid. Du machst das alles sehr gut." Ich rief mir ins Gedächtnis, dass ich die Dinge vielleicht anders geregelt hätte, aber im Moment sowieso gar nicht regeln konnte. Ich wünschte mir, ich wäre ein besserer Patient gewesen und hätte ihr das Leben nicht so schwergemacht.

Die schlimmste Folge meines Unfalls bestand für die Familie darin, dass wir unsere drei Kinder ausquartieren mussten. Ungefähr sechs Monate lang wohnten sie woanders. Die Zwillinge waren bei Evas Eltern in Louisiana. Sie waren zwar nicht sehr erfreut darüber, so weit weg zu sein, aber sie wurden damit gut fertig. Damals waren sie noch in der Grundschule, da machte ihnen so ein Ortswechsel offenbar nicht so viel aus. Nicole, die zu dieser Zeit schon 13 war, kam bei der Familie einer Freundin unter und konnte so weiter in ihre Klasse gehen.

Der Unfall geschah im Januar, und erst im Juni kamen die Kinder wieder dauerhaft nach Hause. An den Wochenenden besuchten sie mich im Krankenhaus, was sehr hart für sie war. Als sie mich das erste Mal besuchten, wurden sie von einem Psychologen in Empfang genommen, der ihnen in einem separaten Zimmer anhand einer lebensgroßen Puppe die Geräte erklärte, an die ich angeschlossen war. So waren sie einigermaßen auf das vorbereitet, was sie bei mir erwartete. Ich bin sehr froh, dass dieser Psychologe so feinfühlig war, denn selbst einige Erwachsene hatten schon schockiert reagiert, wenn sie mich unvorbereitet sahen.

Als nun meine drei Kinder das erste Mal mein Krankenzimmer betraten, kamen sie so nahe wie möglich ans Bett, um mich zu umarmen. Sie liebten mich und wollten mit eigenen Augen sehen, dass es mir gut ging. Ihr Anblick allein gab mir viel Kraft. Allerdings durften sie nur kurz bleiben.

So erbärmlich ich auch aussah, die Kinder glaubten mir, als ich ihnen sagte, dass ich wieder gesund werden würde. Meine Kinder hatten offenbar mehr Glauben an meine Heilung als ich selbst.

Sie würden es wahrscheinlich niemals zugeben, aber sicher haben sie eine kleine „Papa-Lücke" in ihrem Leben, vor allem die Zwillinge. Sie waren erst acht Jahre alt, und bestimmt habe ich ihnen gefehlt, als sie lernten, wie man sich beim Mannschaftssport verhält oder was man beim Zelten beachten muss.

Im Rückblick glaube ich, dass die Folgen des Unfalls für meine Eltern besonders schwerwiegend waren. Sie waren am Boden zerstört. Ich bin der älteste von drei Söhnen und wir waren alle immer gesund gewesen. Doch dann brach meinen Eltern beinahe das Herz, und sie litten darunter, nichts für mich tun zu können. Lange Zeit gingen sie davon aus, dass ich sicher sterben würde.

Als sie mich in der ersten Woche nach dem Unfall im Krankenhaus besuchten, fiel meine Mutter in Ohnmacht. Mein Vater konnte sie gerade noch auffangen und brachte sie aus dem Zimmer. Sie war nicht darauf vorbereitet gewesen, mich in solch einem schlechten Zustand zu sehen. Niemand war das.

Ich erinnere mich an einen innigen Moment mit meinem Vater. Meine Mutter war schon gegangen, wir waren allein. Mein Vater trat ans Bett und fasste mit seiner dürren Hand mein einziges Körperglied, das noch intakt war, meine rechte Hand. Er beugte sich vor und sagte mit einem Zittern in der Stimme:

„Ich würde alles geben, um mit dir tauschen zu können, damit dir das erspart bliebe."

Deutlicher als je zuvor verstand ich, wie sehr mein Vater mich liebt.

~

Mehrmals erklärte mir mein Arzt: „Wir haben stets das Beste für Sie getan, was uns möglich war. Aber gehen Sie besser nicht davon aus, dass Ihnen ein langes, erfülltes Leben bevorsteht. Wegen der drohenden Arthritis* und anderer Komplikationen müssen Sie sich auf einen ständigen Kampf gefasst machen, wenn Sie auch nur so mobil bleiben wollen, wie Sie es jetzt sind."

Er wusste, wovon er sprach. Die beginnende Arthritis hatte ich selbst schon bemerkt. Ich wurde wetterfühlig, ermüdete schneller. Ich schätze, das ist einfach eine Folge der Tatsache, dass mit meinen Beinen und Knien Sachen angestellt wurden, für die Gott sie nicht geschaffen hatte.

Selbst heute noch muss ich aufpassen, dass ich nicht vornüber umfalle, wenn mir jemand von hinten herzlich auf den Rücken klopft. Ich kann das Knie nicht mal eben versteifen, um die Balance zu halten.

Manchmal sehe ich das alles von der humorvollen Seite: „Ich bin schon an einigen der schönsten Orte von Texas hingefallen." Oder: „Vielleicht sollte ich

---

*eine Erkrankung, bei der sich die Gelenke entzünden

so kleine Plaketten verkaufen, auf denen steht: ‚Don Piper ist hier umgefallen.'"

Trotz aller Anstrengungen der Ärzte ist eines meiner Beine immer noch drei Zentimeter kürzer als das andere. Allein deshalb stehe ich ständig schief. Meine Wirbelsäule zeigt langsam die ersten Ermüdungserscheinungen, genau wie meine Hüftgelenke.

Mein linker Ellbogen ist so stark geschädigt, dass ich den Arm nicht mehr strecken kann. Die Ärzte ließen nichts unversucht, mehrmals wurde das Gelenk operiert. Es war auf der Innenseite gebrochen und ließ sich zwar flicken, aber strecken lässt sich der Arm nicht mehr. Um den Arzt zu zitieren: „Das Gelenk ist einfach verkorkst."

Auch das ist Teil meiner neuen Normalität.

Im Anschluss an einen Besuch bei Dr. Tom Greider bat er mich noch um ein kurzes privates Gespräch. Wir redeten über alles Mögliche. Einer plötzlichen Eingebung folgend fragte ich: „Tom, jetzt mal Hand aufs Herz: Wie schlimm stand es um mich bestellt, als ich nach dem Unfall eingeliefert wurde?"

Er zuckte nicht mit der Wimper: „Ich hab schon schlimmere Fälle gesehen." Er zögerte kurz, lehnte sich auf seinen Schreibtisch und ergänzte: „Aber keiner davon hat überlebt."

Ich musste lernen, die Dinge anders anzugehen. Aber ich lebe, und es ist meine Absicht, Jesus Christus bis zu meinem letzten Atemzug zu dienen. Was mich danach erwartet, kenne ich ja schon.

Deshalb bin ich jederzeit bereit, diese Erde zu verlassen.

14 Wozu um alles in der Welt lebe ich?

Auch heute noch frage ich Gott manchmal, warum ich nicht im Himmel bleiben durfte. Ich habe auf diese Frage keine Antwort. Aber ich habe die Erfahrung gemacht, dass Gott immer wieder Menschen in mein Leben schickt, die meine Botschaft brauchen, und mir so die Möglichkeit gibt, etwas in dieser Welt zu bewirken.

Eine der ersten Gelegenheiten nach meinem Unfall, anderen Menschen dienen zu können, bot sich mir als Gastprediger in einer großen Gemeinde. Man hatte mich ausdrücklich eingeladen, damit ich von meiner Zeit im Himmel berichtete. Eine Frau, die in einer der vorderen Reihen saß, begann recht bald zu weinen, nachdem ich mit meiner Predigt angefangen hatte. Ich sah, wie ihr die Tränen die Wangen herabflossen. Kaum war der Vortrag vorbei, kam sie auf mich zugeschossen und drückte meine Hand.

„Meine Mutter ist letzte Woche gestorben."

„Mein herzliches Beileid, ich –"

„Nein, nein, Sie verstehen das falsch. Gott hat Sie heute hierher geschickt, um mir Gewissheit zu geben. Ich habe natürlich auch vorher schon an den Himmel geglaubt, aber durch diesen Verlust war mir so schwer ums Herz. Jetzt geht es mir viel besser. Ich weiß, sie ist an einem guten Ort. Oh, Pastor Piper, das hat mir heute so gutgetan."

Bevor ich etwas sagen konnte, umarmte sie mich und fügte hinzu: „Gott hat mich heute hierher geschickt, weil ich das einfach nötig hatte. Ich bin gläubig, aber ich musste das heute von Ihnen hören. Ich musste heute etwas über den Himmel erfahren, von jemandem, der selbst schon da war."

Diese Frau war die Erste, die in solchen Worten mit mir sprach, aber ganz sicher nicht die Letzte. Mittlerweile habe ich hunderte Male erlebt, wie Menschen auf diese Weise reagieren. Es verblüfft mich immer wieder, wie ich für andere ein Segen sein kann, einfach nur, weil ich meine Geschichte erzähle.

Zwei Jahre nach dem Unfall, als ich immer noch die Beine geschient hatte und auf Krücken ging, fuhr ich mit einer Gruppe von jungen Leuten zu einer Konferenz bei den Baptisten, der First Baptist Church in Houston. Dawson McAllister, ein Mann, der bei den jungen Leuten sehr beliebt war, sollte auf dieser Konferenz sprechen. Die ganze Halle war brechend voll.

Wie das bei unserem Jugendkreis öfter mal vorkommt, verzögerte sich die Abfahrt. Ich sagte nichts, aber innerlich regte mich diese Verspätung sehr auf. Ich wollte eigentlich möglichst früh ankommen, mindestens eine Stunde vor Beginn der Veranstaltung, damit nicht die besten Plätze alle schon besetzt sind.

Ich gab mir Mühe, mir nichts anmerken zu lassen, aber als wir endlich am Veranstaltungsort ankamen, war ich ziemlich sauer. Als wir das große Gebäude betraten, stellten wir fest, dass alle Plätze unten vor der Bühne schon belegt waren – wie ich befürchtet hatte. Wir mussten also die Treppe nehmen, die auf die Empore führte.

Ich stöhnte bei dem Gedanken, Treppen zu steigen. Ich war zwar einigermaßen mobil, aber trotzdem strengte mich das Gehen mit den Schienen und den Krücken sehr an. Um die Sache noch schlimmer zu machen, war der Aufzug defekt. Wenn dieser Typ nicht zu spät gekommen wäre, dachte ich die ganze Zeit, müsste ich jetzt nicht diese Treppen hinaufhumpeln.

Es waren nicht nur die Treppen. Es waren so viele Leute gekommen, dass nur noch in der letzten Reihe Sitzplätze frei waren. Unsere jungen Leute liefen vor, um sie schon mal in Beschlag zu nehmen. Sie versprachen, für mich einen Platz am Rand freizuhalten. Ich zählte insgesamt 150 Stufen, bis ich schließlich voller Schmerzen oben ankam.

Zu diesem Zeitpunkt war ich schon so erschöpft, dass ich mich auf den letzten Metern zu den Jugendlichen kaum noch auf den Beinen halten konnte. Bevor ich mich auf den für mich freigehaltenen Platz setzte – was auch ein ziemlicher Akt war –, lehnte ich mich einen Moment gegen die Wand. Während ich mühsam wieder zu Atem kam, fragte ich mich: Was mache ich hier eigentlich?

Ich hätte einfach einen anderen Erwachsenen bitten können, die Gruppe zu begleiten, aber ich wollte ja mit ihnen zusammen sein. Ich wollte mich wieder nützlich fühlen. Ich wusste, dass diese Veranstaltung für die jungen Leute sehr wichtig war, und ich wollte gerne daran teilhaben. Lautes Lachen und Rufen erfüllte den Raum. Die versammelte Menge war bereit, sich herausfordern zu lassen. Doch ich dachte in diesem Moment nicht an die Teens und wie viel sie aus dieser Veranstaltung würden mit nach Hause nehmen können, sondern fühlte mich einfach nur völlig erledigt und wurde mit einem Mal von Selbstmitleid überrollt. Ich lehnte immer noch an der Wand und ließ meinen Blick über das Publikum schweifen. Zwei Gänge weiter entdeckte ich einen Teenager im Rollstuhl. Er hatte den Kopf in den Händen vergraben und wandte mir den Rücken zu.

Als ich ihn so ansah, wurde mir klar, dass ich zu ihm gehen und mit ihm reden musste. Ich hörte auf, sauer zu sein und vergaß auch meine Müdigkeit.

Ich lehnte meine Krücken an die Wand und machte mich langsam auf den schmerzvollen Weg zu ihm. Er war ein großer, gut aussehender Junge, etwa 16 Jahre alt.

Als ich mich ihm näherte, verstand ich, warum ich mit ihm reden musste. Er trug einen Fixateur – den ich von meinem Platz aus nicht hatte sehen können.

Meine Müdigkeit war wie weggeblasen, genau wie meine Wut und mein Selbstmitleid. Ich sah mich selbst in diesem Rollstuhl sitzen und erinnerte mich an all die Schmerzen in jener Zeit.

Er sah gerade in die andere Richtung, als ich bei ihm ankam und meine Hand auf seine Schulter legte. Sein Kopf schnellte herum und er starrte mich an.

„Das tut bestimmt weh, was?", fragte ich.

Er sah mich an, als hielte er mich für einen völligen Idioten. Aber er sagte nur: „Ja, das tut ziemlich weh."

„Ich weiß." Ich klopfte ihm auf die Schulter. „Glaub mir, das weiß ich."

Er sah mich überrascht an. „Wirklich?"

„Ja. Ich hatte auch so'n Ding."

„Das ist der reinste Horror."

„Das kannst du laut sagen. Ich hatte so ein Ding elf Monate an meinem linken Bein."

„Das kann niemand verstehen", sagte er.

„Woher auch. Das kann man nicht einfach jemandem erzählen, und der versteht dann, wie sehr das schmerzt."

In diesem Moment sah ich etwas Neues in seinen Augen. Vielleicht war es Hoffnung, vielleicht einfach nur ein Gefühl des Friedens, weil er jemanden gefunden hatte, der verstand, wie es in ihm aussah. Etwas hatte zwischen uns Klick gemacht.

„Ich heiße Don", sagte ich, „und du hast gerade jemanden kennengelernt, der die Hoffnungslosigkeit und die Schmerzen kennt, die du durchlebst."

Er sah mich an und Tränen standen in seinen Augen. „Ich weiß nicht, ob ich das durchstehen kann."

„Das wirst du. Vertrau mir, du stehst das durch."

„Vielleicht", sagte er leise.

„Wie ist das passiert?", fragte ich ihn dann.

„Ich hatte einen Skiunfall."

Ich bemerkte, dass er ein Sporttrikot trug, also fragte ich: „Spielst du Football?"

„Ja."

Ich gab ihm eine Kurzfassung meines Unfalls, und er erzählte mir mehr von seinem Sturz. „Ich verrate dir jetzt mal was", sagte ich. „Eines Tages wirst du wieder gehen können."

In seinem Gesicht stand die pure Skepsis geschrieben.

„Du kannst vielleicht nicht mehr Football spielen, aber du wirst wieder gehen." Ich gab ihm meine Visitenkarte. „Da steht meine Nummer drauf, und du kannst mich jederzeit anrufen, zu jeder Tages- und Nachtzeit."

Er nahm die Karte.

„Sieh mich an", sagte ich zum Schluss, „und denk immer daran, dass du eines Tages auch wieder laufen wirst." Ich lachte. „Und ich wette, du wirst dann besser gehen als ich."

Er stützte sich auf und umarmte mich, als wollte er mich gar nicht wieder loslassen. Ich konnte an seinem Atem hören, dass er mit den Tränen kämpfte. Schließlich ließ er mich los und bedankte sich mit tonloser Stimme.

Dieser junge Mann brauchte einfach jemanden, der ihn verstand. Ich hatte ihm nicht viel anzubieten außer meiner eigenen Erfahrung, aber ich konnte mit ihm über seinen Schmerz reden. Hätte ich das nicht alles selbst erlebt, hätte ich ihm nur billige Ratschläge geben können: „Ich hoffe, dir geht's bald besser. Das wird schon wieder." Gut gemeinte Worte, wie sie die meisten Leute sagen.

Als ich wieder zu meinen Leuten zurücklief, war ich total verschwitzt, aber das machte mir nichts aus. Ich drehte mich um, er sah mir noch immer nach. Ich lächelte und winkte, und er winkte zurück. Die Verzweiflung in seinem Gesicht war verschwunden.

In den nächsten sechs Monaten rief er mich dreimal an. Zweimal einfach so, und ein drittes Mal mitten in der Nacht, als es ihm sehr schlecht ging. An diese Telefonate werde ich mich immer gerne erinnern.

Einmal lud mich ein lokaler Fernsehsender in Houston zu einer Live-Gesprächsrunde ein. Während ich auf meinen Auftritt wartete, kam der Produzent der Talkshow in die Garderobe und fing an, mir den Ablauf der Sendung zu erklären. Er nannte auch einige der Fragen, die mir gestellt werden sollten.

„Das geht in Ordnung", sagte ich. „Wer sind denn die anderen Gäste?"

„Sie sind der einzige Gast."

„Moment mal. Die Show dauert eine Stunde, und ich bin der einzige Gast?"

„Sie haben's erfasst."

Ich fragte mich, worüber ich eine Stunde lang reden sollte. Das war zu einem recht frühen Zeitpunkt in meinem Heilungsprozess, und ich wusste noch nicht, welch großes Interesse die Leute an meiner Geschichte hatten. Der Fixateur war schon entfernt worden, aber ich trug noch die Beinschienen und ging auf Krücken. Ich hatte einige Fotos von meiner Zeit im Krankenhaus dabei, die während der Veranstaltung gezeigt wurden. Und auch den Fixateur brachte ich mit auf die Bühne.

Das Interview ging also los. Ich erzählte meine Geschichte und dann stellte mir der Gastgeber seine Fragen. Die Stunde verging wie im Flug. Noch während der Sendung rief eine Frau beim Sender an und verlangte: „Ich muss Pastor Piper sprechen, jetzt sofort."

Natürlich wurde deswegen die Sendung nicht unterbrochen, aber nach dem Ende der Talkshow reichte mir sofort jemand einen Zettel mit ihrer Telefonnummer. Ich rief sie also an.

„Sie müssen mit meinem Bruder reden", sagte sie.

„Was ist denn los mit Ihrem Bruder?"

„Er wurde in eine Kneipenschlägerei verwickelt, bei der ein anderer Mann ihm mit einer Schrotflinte das Bein weggeschossen hat. Er hat jetzt auch eines von diesen Metalldingern, wie Sie es getragen haben."

„Selbstverständlich werde ich mit ihm sprechen", sagte ich. „Wo ist er denn?"

„Zu Hause in seinem Bett."

„Dann geben Sie mir doch seine Adresse und ich –"

„Oh nein, Sie können da nicht hin. Er ist aufbrausend und gemein. Und gewalttätig. Er spricht mit niemandem, der ihn besucht." Sie gab mir seine Telefonnummer. „Bitte rufen Sie ihn an. Allerdings ist er im Moment so voller Wut, dass er Sie wahrscheinlich nur anblöken wird." Dann fügte sie hinzu: „Oder er legt einfach wieder auf. Aber versuchen Sie es trotzdem. Bitte!"

Sobald ich nach Hause kam, rief ich ihren Bruder an und stellte mich vor. Ich hatte gerade mal drei Sätze gesagt, da reagierte er so, wie seine Schwester es vorhergesagt hatte. Er schrie mich an. Er brüllte und warf mir so ziemlich jedes Schimpfwort an den Kopf, das ich kenne. Es nahm kein Ende. Als er zwischendurch Luft holte, sagte ich ganz ruhig: „Ich hatte auch so eine Apparatur wie Sie am Bein, so einen Fixateur."

Ein paar Sekunden lang sagte er gar nichts, also fuhr ich fort: „Ich hatte einen Ringfixateur am linken Bein. Ich weiß, was Sie gerade durchmachen."

„Oh Mann, das bringt mich noch um. Das tut die ganze Zeit weh. Das ist ..." Er fing wieder an zu schimpfen, als hätte er mich gar nicht verstanden.

Als er sich wieder beruhigt hatte, sagte ich: „Ich kann verstehen, wie es sich anfühlt, so eine Apparatur am Bein zu haben."

„Ist das Ding bei Ihnen denn wieder entfernt worden?"

„Ja, ich bin es losgeworden. Wenn Sie das tun, was man Ihnen sagt, dann wird Ihr Fixateur auch eines Tages entfernt werden." Das war keine große Weisheit, aber es war das Einzige, was mir in diesem Moment einfiel.

„Wenn ich das richtige Werkzeug hätte, würde ich das Teil selber abschrauben."

„Wenn Sie das machen, können Sie Ihr Bein gleich mit abschneiden, denn der Fixateur ist das Einzige, was Ihr Bein noch am Körper hält."

„Das weiß ich, aber die Schmerzen bringen mich einfach um. Ich kann nicht mehr schlafen." Er schilderte mir, wie schlecht es ihm ging und wie sehr er das alles hasste.

Da kam mir plötzlich ein Gedanke und ich fiel ihm ins Wort: „Wie sieht Ihr Bein aus? Fühlt es sich heiß an, wo die Löcher für die Drähte sind? Hat die Haut überall die gleiche Farbe? Gibt es bestimmte Löcher, die mehr schmerzen als die anderen?"

„Ja, allerdings. Eines von denen tut besonders weh – Mann, das ist nicht auszuhalten!"

„Ist Ihre Schwester schon bei Ihnen?" Als er das bejahte, verlangte ich sofort, mit ihr zu sprechen.

Er erhob keine Einwände und gab das Telefon weiter. „Vielen Dank", sagte sie. „Ich weiß das wirklich –"

„Hören Sie genau zu", unterbrach ich sie. „Sie müssen sofort einen Krankenwagen rufen. Sie müssen Ihren Bruder so schnell wie möglich ins Krankenhaus bringen. Er hat eine schwere Entzündung im Bein. Wenn er nicht schnell ins Krankenhaus kommt, wird er das Bein verlieren."

„Meinen Sie wirklich?"

„Wenn ich es Ihnen sage. Er hat genau die typischen Symptome. Wahrscheinlich hat er auch schon Fieber. Haben Sie mal gemessen?"

„Ja, das stimmt. Er hat Fieber."

„Bringen Sie ihn jetzt sofort ins Krankenhaus. Und danach rufen Sie mich wieder an."

Am nächsten Tag kam ihr Anruf. „Sie hatten recht. Er hat tatsächlich eine Entzündung, er war in einem schrecklichen Zustand. Sie haben ihm Antibiotika gegeben. Die Ärzte meinten, wir wären gerade noch rechtzeitig gekommen. Heute geht es ihm schon besser."

„Ich schätze, er ist noch auf der Intensivstation?" Sie bejahte, und ich fügte hinzu: „Ich werde ihn besuchen gehen."

Weil ich Pastor bin, ließ man mich ohne Probleme zu ihm. Also fuhr ich zum Krankenhaus und redete und betete mit dem Mann. Am Ende übergab er sein Leben Jesus.

Wäre ich nicht in der Fernsehsendung aufgetreten und hätte seine Schwester mich dort nicht gesehen, hätte ihr Bruder vermutlich sein Bein verloren. Sehr wahrscheinlich wäre er sogar gestorben. Gott hatte mich nicht nur gebraucht, um sein Leben – seinen Körper – zu retten; durch mich hatte er auch zum

Glauben gefunden und ist zu einem Kandidaten für den Himmel geworden. Das alles war ein weiterer Beleg dafür, dass Gott mit meinem Leben hier auf der Erde noch etwas vorhat.

Ich konnte das Problem mit dem Fixateur und dem entzündeten Bein deshalb so schnell erkennen, weil mir im Krankenhaus genau das Gleiche passiert war. Ich hatte eine Entzündung bekommen, die heftig schmerzte. Zuerst dachte ich, es sei nur der übliche Schmerz, den ich halt ertragen musste. Doch dann erkannte eine Krankenschwester, dass sich eines der Löcher entzündet hatte.

Hinterher stellte sich heraus, dass eine andere Schwester, die sich wenige Tage zuvor um mich gekümmert hatte, offenbar nicht gründlich genug war und so einige Krankheitskeime in die Löcher gelangt waren. Diese Krankenschwester hatte es immer sehr eilig und zeigte weniger Mitgefühl als die anderen. Sie kam herein und verrichtete ihre Arbeit, aber irgendwie schien ihr das alles wenig Freude zu bereiten. Mir war zwar aufgefallen, dass sie dieses eine Mal keine neuen Wattestäbchen verwendet hatte wie sonst – vermutlich, um Zeit zu sparen. Ich hatte mir allerdings nichts dabei gedacht, bis es zu der schlimmen Entzündung kam. Durch ihre Nachlässigkeit hatte ich nun noch mehr Schmerzen. Sobald die Ärzte die Entzündung und das Fieber festgestellt hatten, wurde ich auf die Intensivstation verlegt. Dort blieb ich zwei Wochen und durfte keinen Besuch empfangen.

Meine Frau beschwerte sich sofort über die nachlässige Krankenschwester und erzählte dem Arzt, was geschehen war. Ich habe diese Schwester danach nicht mehr gesehen, aber ich weiß nicht, ob sie entlassen oder nur auf eine andere Krankenhaus-Station versetzt worden war.

Ich mag öffentliche Auftritte, aber besonders am Herzen liegen mir Vorträge an meiner alten Universität, der Louisiana State University. Dort habe ich meine Frau kennengelernt und auch zwei unserer drei Kinder haben später dort studiert.

Eines Tages lud man mich an dieser Universität zu einer Konferenz der baptistischen Campus-Mission ein. Ich sollte dort eine Rede halten – es war zu der Zeit, als meine Tochter Nicole an der Louisiana State University studierte und auch Leiterin der Campus-Mission war. Ich wusste also, dass Nicole unter meinen Zuhörern sein würde – was meine Vorfreude natürlich erhöhte.

Zu den vielen Aktivitäten der Campus-Mission gehörten auch Lobpreisabende, also Veranstaltungen, auf denen viel gesungen und Gott gelobt wurde. Die Veranstalter baten mich, an einem solchen Abend über meinen Unfall zu sprechen.

Überall auf dem Unigelände hingen die Plakate, die meinen Auftritt ankündigen sollten. Die Überschrift hieß: „Ein Toter spricht" („Dead Man Talking"). Durch diese Plakate kamen so viele Zuhörer, dass der Raum wegen Überfüllung geschlossen werden musste und die Veranstaltung kurzerhand wiederholt wurde. Während meines Vortrags lauschten die Menschen gespannt meiner unglaublichen Geschichte. Ich erzählte vom Himmel, von erhörten Gebeten und Wundern. Und auch von dem Lied „Welch ein Freund ist unser Jesus", das der Pastor im Autowrack gesungen hatte, als er für mich betete.

Gegen Ende der Veranstaltung spielte die Band genau dieses Lied, das für mich so viel Bedeutung hatte. Ich war darauf nicht vorbereitet. Diese Minuten waren sehr bewegend für mich, und es fällt mir heute immer noch nicht leicht, das Lied zu hören oder zu singen.

Nach dem Lobpreisabend blieb noch eine große Anzahl von Studenten, um mir Fragen zu stellen. Einer von ihnen hieß Walter Foster. Als ich schließlich ging, kam Walter hinter mir her. Das machte mir eigentlich nichts aus, aber ich hatte den Eindruck, dass er ganz schön hartnäckig war, so als ob er immer neue Details über den Himmel erfahren wollte.

Einige Monate später rief mich meine Tochter Nicole an. „Erinnerst du dich noch an Walter Foster?" Ihre Stimme versagte und sie fing an zu weinen. Mir war gerade wieder eingefallen, wer er war, als sie sagte: „Er ... ist gestorben. An einem Herzinfarkt. Einfach so – plötzlich gab es ihn nicht mehr."

Offenbar hatte Walter von seiner Herzschwäche gewusst und war deshalb in ärztlicher Behandlung gewesen. Alle hielten ihn für kerngesund, sein plötzlicher Tod war ein Schock für alle, die ihn kannten. „Ein 21-Jähriger darf doch nicht einfach sterben!", hatte einer seiner Freunde gesagt.

Nachdem ich aufgelegt hatte, dachte ich an jenen Tag zurück, als ich Walter begegnet war. Die Tatsache, dass er während meines Aufenthaltes an der Universität nicht von meiner Seite gewichen war und mir Löcher in den Bauch gefragt hatte, ließ mich nun nachdenklich werden. Plötzlich wurde mir bewusst, dass er seine vielen Fragen offenbar nicht aus purer Neugier gestellt hatte. Vielleicht, dachte ich, hat Gott ihn auf diese Weise auf seine Heimreise in den Himmel vorbereitet.

Sein plötzlicher Tod war ein Schock für seine Freunde. An dem Abend nach seinem Tod versammelten sie sich am Treffpunkt der Campus-Mission – Walters Lieblingsort.

Während der Versammlung sprachen einige seiner Freunde lange darüber, wie viel es Walter bedeutet hatte, dass ich von meiner Erfahrung im Himmel berichtet hatte. Noch Tage danach hatte er über das gesprochen, was er von mir gehört hatte.

„Als Pastor Piper hier war", sagte einer von ihnen, „hat Walter mir mehrmals gesagt: ‚Eines Tages werde auch ich in den Himmel kommen!'"

Wegen wichtiger Termine in meiner Gemeinde konnte ich leider nicht am Gedenkgottesdienst für Walter teilnehmen. Seinen Freunden lagen zwei Dinge besonders am Herzen: dass der Pastor klar und deutlich von Jesus Christus erzählte und dass ein ganz bestimmtes Lied gesungen wurde. Natürlich handelte es sich um „Welch ein Freund ist unser Jesus". Die Trauergäste erfuhren, welche besondere Bedeutung dieses Lied für Walter gehabt hatte.

Nach dem Gottesdienst blieben die Studenten noch zusammen und unterhielten sich darüber, wie sehr ihnen Walters unerschütterlicher Glaube an den Himmel Mut gemacht und sie getröstet hatte.

~

Sues erster Mann starb an Krebs. Seine lange Krankheit war für sie sehr schwer zu ertragen. Sie ging davon aus, dass sie den Rest ihres Lebens Witwe bleiben würde.

Doch dank ihres Nachbarn Charles – der ebenfalls seine Frau verloren hatte – kam es anders. Sie waren nicht nur Nachbarn, die beide dieselbe schlimme Erfahrung durchmachen mussten, sondern sie wurden auch Freunde. Mit der Zeit wurde aus der Freundschaft Liebe, und sie überlegten, ob sie heiraten sollten.

Sue hatte allerdings ihre Bedenken, denn Charles stammte aus einer ziemlich rauen Arbeitergegend. Er hatte früher viel Alkohol getrunken, und auch jetzt noch trank er ab und an. Für Sue stand fest: „Damit kann ich nicht leben!"

Ihre Liebe zueinander wurde jedoch größer und größer, und so war Sue schließlich eines Tages bereit zu heiraten – unter einer Bedingung: „Ich werde keinen Mann heiraten, der sich betrinkt!"

Charles hörte nicht nur damit auf, zu viel zu trinken, er rührte sogar überhaupt keinen Alkohol mehr an. Jetzt stand einer Ehe nichts mehr im Wege.

Eines Tages unterhielten sie sich ausführlich darüber, wie ihre Ehepartner gestorben waren; beide hatten Krebs. „Wenn bei mir jemals Krebs festgestellt wird, bring ich mich um", erklärte Charles. Er wusste, dass nicht nur der Krebskranke selbst leidet, sondern dass auch sein Partner durch eine schlimme Zeit geht. „Diese Prüfung möchte ich niemandem zumuten", meinte er.

Sie heirateten also und führten eine gute Ehe. Sue hatte schon vor der Hochzeit viel in unserer Gemeinde mitgearbeitet und nun brachte sich auch Charles mehr ein.

Eines Tages aber bekam er die Diagnose, die er am meisten fürchtete: Er hatte Krebs. Nun musste er sich dieser tiefsitzenden Angst stellen. Er hatte Angst, dass Sue erneut all das durchstehen musste, was sie schon einmal durchlitten hatte.

Und auch einer anderen Angst musste er ins Auge sehen: „Ich habe furchtbare Angst vorm Sterben", gestand er. Obwohl er zur Gemeinde gehörte und sagte, dass er gläubig sei, war er einer von den Menschen, die immer noch daran zweifelten, dass sie ewiges Leben bei Gott haben. Sue versprach ihm, dass sie ihm in dieser schweren Krise beistehen würde, war aber auch darüber besorgt, dass ihr Mann so sehr an seiner Errettung zweifelte. Sie hatte meine Geschichte über den Himmel schon mehrmals gehört und auch schon anderen davon erzählt.

„Können Sie mal mit Charles reden?", fragte sie mich eines Tages. „Bitte reden Sie mit ihm über die Errettung, aber erzählen Sie ihm auch davon, wie das Leben nach dem Tod ist. Ich bin überzeugt: Wenn Sie von Mann zu Mann mit Charles reden, ist das eine große Hilfe für ihn."

Ich kannte Charles natürlich und willigte ein, mit ihm zu sprechen.

Charles und ich verstanden uns auf Anhieb. Er war ein guter Kerl, mit dem man schnell ins Gespräch kam. Ich setzte mir zum Ziel, ihn regelmäßig zu besuchen. Sobald ich kam, entschuldigte sich Sue und ließ uns alleine, bis ich wieder ging.

Obwohl sich sein Gesundheitszustand immer weiter verschlechterte, zeigte Charles nie Anzeichen von Wut oder Depression. Wir sprachen darüber, wie schwer es war, so stark von anderen abhängig zu sein. Er konnte ja nicht einmal mehr die einfachsten Dinge alleine erledigen, wie aufs Klo gehen und sich waschen.

Etwa bei meinem vierten Besuch öffnete sich Charles schließlich. „Ich habe Angst. Ich möchte in den Himmel kommen, aber ich brauche mehr Sicherheit. Ich möchte die Gewissheit haben, dass ich nach meinem Tod in den Himmel komme."

Ich las ihm mehrmals die Bibelstellen vor, in denen den Nachfolgern Jesu der Himmel versprochen wird.

„Ich weiß, ich weiß", sagte er. „Bis jetzt war mir klar, dass ich nicht im Himmel, sondern in der Hölle landen würde. Jetzt möchte ich einfach dieselbe Gewissheit haben, dass ich in den Himmel kommen werde."

Meine Beschreibung des Himmels machte ihm Mut. „Ja, genau, dahin möchte ich", sagte er.

Bei einem meiner nächsten Besuche lächelte er und erklärte: „Ich bin jetzt bereit. Ich habe meinen Frieden gefunden. Ich weiß nun, dass ich in den Himmel kommen werde."

Bei meinen beiden letzten Besuchen bat er mich: „Erzählen Sie es mir noch einmal, erzählen Sie mir, wie es im Himmel ist."

Ich erzählte es ihm noch einmal und noch einmal, obwohl er alles, was ich zu sagen hatte, bereits gehört hatte. Es kam mir vor, als würde seine Gewissheit immer stärker.

Am letzten Tag seines irdischen Lebens sagte Charles zu Sue: „Es wird alles in Ordnung kommen. Meine Schmerzen werden aufhören und ich werde Frieden finden. Und eines Tages werden wir wieder vereint sein."

Als Sue mir am Telefon mitteilte, dass Charles soeben gestorben sei, fügte sie noch hinzu: „Er starb ohne jede Angst."

Dass Charles am Ende seines Lebens so ruhig und gefasst war, gab Sue die Kraft, ihren schweren Verlust und ihre Trauer durchzustehen. Sie erzählte mir, was Charles wenige Wochen vor seinem Tod erklärt hatte: dass nämlich alles, was er von mir gehört hatte, eine entscheidende Umkehr bei ihm bewirkt hätte. „Die Sache ist jetzt geklärt", hatte er gesagt. „Ich weiß, ich werde an einen besseren Ort gehen."

Während Sue mit mir sprach, lachte sie plötzlich laut. „Eigentlich habe ich doch Glück, oder? Auf mich warten gleich zwei Männer. Wenn meine Zeit eines Tages gekommen ist und ich im Himmel bin, dann werde ich meine beiden Ehemänner wiedersehen. Ich werde mich bei ihnen unterhaken, der eine wird rechts, der andere links neben mir herlaufen. Beide sind ja außerdem Brüder im Herrn. Sie werden mich dann über die Straßen aus Gold führen."

Als Joe, einer meiner Zwillinge, in die Teenagerjahre kam, machten wir uns auf die Suche nach einem Gebrauchtwagen für ihn. Er wollte gerne einen Truck, also suchten wir, bis wir den richtigen gefunden hatten, einen Ford Ranger, Baujahr 1993.

Der Händler hieß Gary Emmons und er führte schon viele Jahre einen Gebrauchtwagenhandel. Als wir uns für den Truck entschieden hatten, den Joe wollte, gingen wir ins Büro, um den Vertrag abzuschließen. Mr Emmons machte uns einen sehr guten Preis, und so kaufte Joe den Truck.

Dieses Erlebnis war die Grundlage dafür, dass wir uns mit Mr Emmons so gut verstanden. In der

Folgezeit kauften wir noch drei andere Autos bei ihm.

Gary wusste ein bisschen was von dem, was mir passiert war, kannte aber keine Einzelheiten. Er war nicht nur Autohändler, sondern nahm selbst an Autorennen teil. Meine Geschichte schien ihn zu faszinieren. Eines Tages wollte er sie in ganzer Länge hören, aber es war schwierig, eine günstige Gelegenheit zu finden, da entweder er zu beschäftigt war oder ich selbst keine Zeit hatte.

Eines Tages war Joe wegen einer Ratenzahlung in seinem Büro. Gary winkte ihn zu sich rüber. „Das wirst du mir nicht glauben!" Der Mann grinste ihn an. „Etwas ganz und gar Erstaunliches ist gestern passiert."

„Was denn?"

„Ich ging mir einen Wagen ansehen, den wir gerade angekauft haben. Ich bin also eingestiegen und hab das übliche Programm durchgezogen – du weißt schon, einmal alle Knöpfe drücken, das Motorengeräusch überprüfen, die Klimaanlage checken und das Radio testen. Im Autoradio steckte noch eine Kassette. Ich nahm sie also raus ..." Er hielt inne und grinste wieder. „Du errätst nie, was auf dieser Kassette war."

„Ich hab keine Ahnung", sagte Joe.

„Die Geschichte deines Vaters. Wir haben den Wagen ersteigert, wir wissen nicht, wer der Vorbesitzer ist und können die Kassette also nicht zurückgeben. Deshalb hab ich mir die Kassette geschnappt und sie mir angehört. Mir ist nur ein Wort eingefallen, um das zu beschreiben, was ich da gehört habe: großartig."

Im Rückblick bin ich aufs Neue verblüfft. Gary hatte unbedingt meine Geschichte hören wollen, aber irgendwie waren wir nie zusammengekommen.

„Wie unwahrscheinlich ist das denn? Da gehe ich zu einer Auktion, auf der Tausende von Autos angeboten wurden", sagte Gary zu Joe, „setze mich in einen von diesen Wagen, stelle das Radio an und höre die Stimme deines Vaters!"

Noch Tage danach erzählte Gary jedem, der ihm über den Weg lief, von meinem Unfall.

Diese Sache hat mich natürlich begeistert, aber ich habe auch noch viele andere Geschichten gehört, in denen Gott meine Geschichte benutzt hat.

Ich hatte den Bericht über meinen Unfall und die Zeit im Himmel auf Kassette aufgenommen und vervielfältigen lassen. Insgesamt müssen Tausende dieser Bänder unters Volk gekommen sein. Ich weiß von Leuten, die ihrerseits wieder Kopien für ihre Freunde gemacht haben. Manche haben innerhalb weniger Monate mehr als zwanzig Kassetten bestellt.

Diese Aufnahme mit meinem Bericht ist immer noch im Umlauf. Viele Leute, die von meiner Geschichte gehört hatten, geben sie an Menschen weiter, die selbst gerade eine schwere Unfallverletzung erlitten haben oder mit dem Verlust eines geliebten Menschen fertig werden mussten.

Ich kann nur den Schluss ziehen: Gott hat von Anfang an im Sinn gehabt, dass Gary Emmons und viele andere diese Kassette hören sollten. Und Gott hat dafür gesorgt, dass es auch so kam!

Eines Tages sprach mich eine Frau an, als ich gerade durch den Flur unseres Gemeindegebäudes ging. Das ist nichts Ungewöhnliches, denn dort laufe ich ja ziemlich oft lang. Meine Frau macht schon Witze darüber, dass ich eine halbe Stunde für zehn Meter brauche, weil ich ständig von irgendwelchen Leuten angesprochen werde. Unsere Gemeinde hat mehr als zehntausend Mitglieder, da kommt ständig jemand vorbei.

„Ah, Pastor Piper! Ich war gerade auf dem Weg zu Ihnen. Ich muss Ihnen etwas erzählen, das Sie sich unbedingt anhören müssen."

Die meisten, die so anfangen, fügen dann noch hinzu: „Es ist auch in Ihrem Interesse", und meistens ist es nichts, was ich gerne höre. Diesmal war ich allerdings nicht allein im Flur – mehrere Leute standen um mich herum –, und ich war unsicher, wie ich reagieren sollte. Ich sah diese Frau also an und entdeckte ihren drängenden Gesichtausdruck. Ich wandte mich an die anderen. „Könntet ihr mich kurz entschuldigen?" Natürlich waren sie so rücksichtsvoll und ließen mich eine Zeit mit dieser Frau allein.

„Ich bin Krankenschwester, und Sie werden nicht glauben, was mir passiert ist", sagte sie.

„Ich habe schon einiges Unglaubliches erlebt. Erzählen Sie's einfach."

„Es geschah im Krankenhaus. Eine sehr kranke Frau bekam Ihre Kassette zu hören, und das hat ihr Leben verändert."

So etwas hatte ich früher schon gehört, aber ich war gespannt auf neue Geschichten, also sagte ich: „Erzählen Sie mir doch Genaueres!"

„Jemand hatte ihr die Kassette mitgebracht, und eigentlich war sie gar nicht gläubig. Aber ihr Besuch wollte unbedingt, dass sie sich das Band anhörte. Ihre Freunde hatten schon versucht, mit ihr über Gott zu reden. Sie hatten ihr eine Bibel und alle möglichen Bücher gegeben, aber das interessierte die Frau nicht. Sie erklärte: ‚Ich möchte weder über Gott noch über Religion sprechen.' Obwohl sie todkrank war, wollte sie nichts von der Ewigkeit hören."

Sie wischte sich kurz eine Träne weg, dann fuhr sie fort: „Jemand brachte ihr dann diese Kassette mit – Ihre Kassette, auf der Sie von Ihrer himmlischen Erfahrung berichten – und fragte sie, ob sie wenigstens einmal in das Band hineinhören wolle. Dieser Freund übte überhaupt keinen Druck auf sie aus, sondern sagte nur ganz beiläufig: ‚Das könnte dir vielleicht helfen. Der Bericht handelt von einem Mann, der gestorben ist, in den Himmel kam und wieder auf die Erde zurückkehrte.'"

Die Krankenschwester erzählte weiter, dass diese todkranke Frau gesagt hätte, sie würde sich die Kassette vielleicht anhören. Der Freund ging, das Band lag auf dem Nachttisch, ungehört.

Dann verschlechterte sich der Gesundheitszustand der Frau so sehr, dass die Ärzte ihrer Tochter mitteilten, dass ihr nur noch eine Woche bliebe, höchstens zwei. Die Tochter, die selbst Christ war, wünschte sich verzweifelt, ihre Mutter würde sich doch noch die Kassette mit meinem Bericht anhören.

Vielleicht muss ich hier zur Erklärung einschieben: Die Kassette enthält zwei Vorträge. Die erste Seite handelt von den Wundern und den erhörten Gebeten, die dazu geführt hatten, dass ich den Unfall überlebt habe. Auf der zweiten Seite spreche ich über den Himmel. Ich habe diesen Vortrag mit „Ein Heilmittel gegen Herzschmerz" betitelt. Die Tochter hoffte sehr, dass ihre Mutter sich wenigstens diese Seite der Kassette anhören würde.

Aber die Frau dachte nicht daran. „Ich möchte mir dieses ganze Zeug nicht anhören", sagte sie.

Tage vergingen, und der Zustand der Frau wurde immer aussichtsloser. Die Krankenschwester, die mir davon erzählte und die selbst Christin war, erkannte, welche Stunde geschlagen hatte. Nachdem sie mit der Tochter gesprochen hatte, beschloss sie, selbst mit der Frau ein Gespräch über ihre Seele zu führen. So etwas hatte sie noch bei keiner Patientin gemacht.

Als ihre Schicht vorbei war, ging sie ins Zimmer der Frau und bat: „Darf ich mich zu Ihnen setzen und ein paar Minuten mit Ihnen reden?"

Die Frau, die bereits im Sterben lag, nickte.

Voller Sanftmut erzählte die Krankenpflegerin vom Glauben und vom Frieden Gottes. Sie erzählte davon, wie Jesus Christus ihr Leben verändert hatte.

Die ganze Zeit über sagte die Frau kein Wort.

Dann erwähnte die Krankenschwester die Kassette. „Ich habe sie mir selbst schon angehört, und ich denke, dass Sie das auch alles erfahren sollten. Würden Sie jetzt vielleicht gerne die Kassette hören?"

Die alte Frau nickte, also legte sie die Kassette ein und verabschiedete sich.

Am nächsten Tag erzählte diese sterbenskranke Frau ihrer Tochter und der Schwester, dass sie sich das Band angehört hatte. „Ich fand es sehr interessant. Ich denke ernsthaft darüber nach, selbst eine Christin zu werden."

Die Tochter und die Krankenschwester waren natürlich außer sich vor Freude, doch sie wollten die Frau natürlich nicht bedrängen. Zwei weitere Tage vergingen, bis die Frau erklärte: „Ich glaube jetzt auch." Sie erzählte es zuerst ihrer Tochter und dann der Krankenschwester. Danach erzählte sie es jedem, der in ihr Zimmer kam. „Ich bin Christin geworden. Ich habe Jesus Christus als meinen Erlöser angenommen, und ich werde in den Himmel kommen."

Nur Stunden, nachdem sie ihre Bekehrung bekanntgegeben hatte, verschlechterte sich der Gesundheitszustand der Frau dramatisch. Sie kam immer nur kurz wieder zu Bewusstsein. Als die Schwester am folgenden Tag ihre Schicht anfing, erfuhr sie, dass die alte Dame wenige Minuten zuvor verstorben war.

Die Krankenschwester, die mit mir im Gemeindeflur stand und mir das alles erzählte, kam zum Schluss und sagte: „Sie werden nicht glauben, was während dieser letzten Minuten vor ihrem Tod passiert ist." Bevor ich sie fragen konnte, gab sie schon die Antwort: „Der Kassettenrekorder stand neben ihr auf dem Bett, und ihre Tochter hatte die zweite Seite eingelegt, wo Sie vom Himmel sprechen. Während sie langsam von uns ging, hörte sie Ihren Bericht über den Himmel. Das Letzte, was sie hörte, bevor sie diese Welt verließ und zu Gott in den Himmel kam, war Ihre Beschreibung des Himmels."

Mir kamen die Tränen. „Danke, dass Sie mir das erzählt haben. Das ist eine wirklich sehr ermutigende Geschichte."

Während sie einigen Gemeindemitgliedern die Geschichte noch einmal erzählte, dankte ich Gott dafür, dass er mich auf die Erde zurückgeschickt hatte. *O Herr, ich sehe ein, dass du gute Gründe dafür hattest, mich noch hier bleiben zu lassen. Ich danke dir, dass ich diese Geschichte hören konnte.*

Einmal predigte ich in einer Baptistengemeinde südlich von Houston. Man hatte mich eingeladen, von meinem Tod und meiner Zeit im Himmel zu sprechen.

Ich war gerade dabei, meine Gedanken zu sammeln. In amerikanischen Baptistengemeinden ist es üblich, dass vor dem Vortrag eines Gastpredigers noch ein Lied gesungen wird oder es eine andere musikalische Darbietung gibt. Eine Frau, die den Gottesdienst bisher nicht verfolgt hatte und offenbar auch nicht wusste, worüber ich sprechen sollte, kam durch den Seiteneingang, um ein Lied zu singen. Sie hatte eine schöne Stimme und stimmte ein Lied an. Es hieß „Zerbrochen und ausgegossen" und handelte von dem Krug, den Maria zu Jesus brachte, um ihm mit kostbarem Salböl die Füße zu salben.

Als das Lied verklungen war, ging ich nach vorn und fing an, von meinem Unfall zu erzählen. Ich sah keinen Zusammenhang zwischen ihrem Lied und meiner Botschaft, aber mir fiel auf, dass einige Leute der Frau nicht gerade freundliche Blicke zuwarfen.

Nach der Versammlung bekam ich mit, wie jemand zu der Solistin sagte: „Das war ja ein interessantes Lied, das du da vor Dons Vortrag gesungen hast." So, wie er das Wort „interessant" aussprach, war klar, dass er eigentlich „geschmacklos" meinte.

„Oh!", sagte sie. Der Schreck auf ihrem Gesicht war ein klares Zeichen, dass sie nicht gewusst hatte, worüber ich reden würde.

Unsere Blicke trafen sich und sie fing an zu weinen. „Es tut mir leid."

„Ist schon in Ordnung", sagte ich. „Wirklich, kein Problem." Ich wollte schon weitergehen, als jemand sagte: „Zerbrochen und ausgegossen, genau das ist Ihnen doch passiert, oder?" Mindestens ein Dutzend Leute gaben ähnliche Kommentare ab. Manche äußerten sogar den Gedanken, dass wir dieses Lied extra ausgesucht hätten.

Ich blieb stehen und drehte mich um. Die Solistin stand neben dem Klavier und weinte. Ich entschuldigte mich und ging zu ihr zurück. „Das ist ein sehr schönes Lied über eine wunderbare Erfahrung. Sie wussten ja nicht, worüber ich reden würde, deshalb ist die Sache vollkommen in Ordnung. Machen Sie sich keine Sorgen. Ich hätte mir kein besseres Lied vorstellen können, glauben Sie mir."

Sie fing erneut an, sich zu entschuldigen.

„Alles in Ordnung, wirklich", beruhigte ich sie.

Als ich ging, dachte ich daran, dass die Geschichte vom Zerbruch und dem ausgegossenen Salböl vielleicht wirklich auf mich zu passen schien. Dann musste ich lächeln und mir kam in den Sinn: Ja, ich bin zerbrochen, aber anschließend wieder geflickt worden.

15 Einen Sinn im Leben finden

Um ein Haar hätte Brad Turpin, ein Motorrad-Polizist aus Pasadena (einer Vorstadt Houstons), sein Bein verloren. Sein Polizei-Motorrad krachte gegen einen Tieflader. Der Mann wäre auf dem Asphalt verblutet, wenn die Rettungssanitäter nicht rechtzeitig sein Bein abgebunden hätten.

Sonny Steed, der früher in unserer Gemeinde den Predigtdienst geleitet hatte, kannte Brad persönlich und bat mich, ihn gemeinsam mit ihm zu besuchen.

„Klar doch", sagte ich, erst recht, nachdem ich gehört hatte, dass er einen Fixateur trug – also so ein Teil, mit dem auch ich mich monatelang herumquälen musste. Ich rief vorher an, um sicherzugehen, dass er mich überhaupt sehen wollte. Bevor wir losfuhren, schnappte ich mir noch die Fotos von meinem Unfall und meiner Zeit der Genesung.

Sonny fuhr mich zu Brads Wohnhaus. Als wir in sein Zimmer gingen, fühlte ich mich an mein eigenes Wohnzimmer erinnert, das monatelang genauso ausgesehen hatte. Brad lag in einem Krankenhausbett, über dem der typische Trapezgriff baumelte.

Auch sein Fixateur sah aus wie meiner, bis auf einige kleine Unterschiede. In den zwölf Jahren nach meinem Unfall war dieses Heilverfahren immer weiterentwickelt worden.

Es waren noch andere Besucher anwesend, also setzte ich mich einfach dazu und beteiligte mich an der lockeren Unterhaltung. Brad war sehr nett, aber mir war klar, dass er wahrscheinlich schon recht erschöpft war von den vielen Besuchern.

Kaum war der letzte Besucher gegangen, sagte ich: „Sie haben fürs Erste genug geredet, oder?"

Brad nickte.

„Das verstehe ich. Sie müssen sich ja vorkommen wie auf dem Präsentierteller. Das Telefon steht nicht still, und jeder will Sie besuchen kommen."

Er nickte erneut. „Ich freue mich ja, dass Sie kommen, aber ich brauche auch meine Ruhe."

„Es tut mir leid, dass ich Sie störe, aber Sonny wollte, dass ich mit Ihnen über das spreche, was Ihnen bevorsteht." Ich zeigte auf den Fixateur und erklärte: „Ich hatte auch einen von diesen Dingern."

„Ist das wahr?"

Ich zeigte ihm meine Fotos, als Erstes eines, das einen Tag nach der Anbringung dieses Metallmonsters gemacht worden war. Jedes weitere Foto, das ich ihm zeigte, dokumentierte die Schritte meiner Genesung. Er sah sich die Fotos genau an und begriff, dass ich noch schlimmer dran gewesen war als er.

„Und Sie sind wieder gesund geworden?"

„Ja, das bin ich, und Sie werden es auch."

„Es freut mich, dass Sie es geschafft haben, aber ich glaube nicht, dass ich es auch schaffen werde. Niemand kann mir garantieren, dass ich mein Bein behalte. Die Ärzte sind pessimistisch, das macht es nicht gerade leicht für mich."

„So sind Ärzte halt", sagte ich und erinnerte mich sehr plastisch an meine eigenen Gefühle zu jener Zeit. „Sie wollen nicht, dass Sie sich zu große Hoffnungen machen. Denn sie wissen, dass Sie in einigen Monaten immer noch diesen Fixateur tragen werden. Möglich, dass alles bestens läuft, doch dann bekommen Sie vielleicht doch eine Entzündung und verlieren am Ende das Bein."

„Genau das meine ich ja. Deswegen zweifle ich, ob es Sinn hat, diese ganzen Schmerzen auszuhalten."

„Immerhin lässt der Schmerz mit der Zeit nach, wenn es Ihnen besser geht."

Seine Frau war zwischenzeitlich hereingekommen und hörte uns zu. „Ich habe das Gefühl, es geht überhaupt nicht voran, und niemand will uns etwas sagen", meinte sie. „Wir überlegen schon, die Ärzte zu wechseln."

„Vielleicht finden Sie einen besseren Arzt", sagte ich. „Aber warten Sie noch ein wenig. Haben Sie Geduld. Ich bin sicher, Ihr Arzt tut, was in seiner Macht steht."

Dann erzählte ich ihnen, wie auch ich ans Ende meiner Geduld gekommen war.

„Als mein Arzt zur Visite kam, schnaubte ich ihn an: ‚Setzen Sie sich.' Das tat er, und die nächsten fünf Minuten musste er meine Beschwerden und Beschimpfungen über sich ergehen lassen. Als ich in sein Gesicht sah, wurde mir klar, dass ich ihn verletzt hatte. An ihn hatte ich natürlich nicht gedacht. Mir tat alles weh, die Schmerzen ließen keine Sekunde nach, ich konnte nicht schlafen und verlangte Antworten. Ich sagte: ‚Ich habe die Nase voll davon, nichts Genaues zu erfahren. Wenn ich Sie frage, wie lange ich dieses Teil noch tragen muss, sagen Sie nur: ‚Vielleicht noch einen Monat, vielleicht noch zwei, vielleicht noch drei.'

Damit war ich aber noch nicht fertig. Ich machte meinem Ärger erneut Luft und feuerte eine Vielzahl von weiteren Beschwerden auf ihn ab. Zuletzt fragte ich ihn: ‚Warum geben Sie mir nie eine klare Antwort?'

Er ließ den Kopf sinken und sagte mit sanfter Stimme: ‚Ich tue, was ich kann. Ich weiß die Antworten nicht. Deshalb kann ich sie Ihnen auch nicht geben.'

‚Ich will doch nur –'

‚Ich weiß, aber wir haben es hier nicht mit einer exakten Wissenschaft zu tun. Wir haben in diesem Bereich noch nicht sehr viel Erfahrung, das ist auch für uns eine ganz neue Methode. Wir geben unser Bestes.'"

Nachdem ich Brad und seiner Frau von diesem Vorfall erzählt hatte, fügte ich noch hinzu: „Haben Sie bitte noch ein wenig Geduld mit Ihrem Arzt. Er kann Ihnen keine Antworten geben, wenn er sie selbst nicht weiß. Er wird Ihnen sagen, was Sie zu tun haben und Sie unter Rezepten begraben. Er wird Ihnen jede Menge Physiotherapie verschreiben, und Sie müssen einfach lernen, damit umzugehen – mit allem."

„Ja, ich weiß", seufzte Brad. „Aber ich habe meine Gefühle nicht mehr unter Kontrolle. Ich bin Polizist, ich habe eine Menge schlimmer Sachen gesehen. Und jetzt breche ich langsam zusammen, innerlich, verstehen Sie? Kennen Sie dieses Gefühl?"

„Oh ja, nur zu gut. Also los, brechen Sie zusammen. Es wird nicht das einzige Mal bleiben."

„Ich verliere langsam die Kontrolle."

„Die haben Sie längst verloren."

Brad starrte mich an.

„Denken Sie mal drüber nach. Können Sie noch irgendwas kontrollieren? Nein."

„Ich kann mir nicht mal allein den Hintern abwischen."

„Genau davon rede ich. Sie sind völlig hilflos. Sie können nichts tun und nichts kontrollieren."

„Vor dem Unfall war ich Gewichtheber und Bodybuilder", sagte er. „Sie hätten mal meinen Körper sehen müssen."

„Das glaube ich gern." Ich konnte erkennen, dass er früher einmal sehr muskulös gewesen sein musste. „Aber damit ist es jetzt vorbei. Vielleicht kommen Sie eines Tages wieder in Form, aber da Sie nicht mehr einfach aufstehen und die Dinge wie früher anpacken können, müssen Sie sich an die neue

Situation anpassen. Stellen Sie sich auf die Veränderungen ein. Sie werden abnehmen, Ihre Muskeln werden verkümmern. Sie haben Ihren Körper nicht mehr so unter Kontrolle wie früher."

Seine Frau empfand die Situation offenbar genauso bedrückend wie er, sie war den Tränen nahe. „Er fühlt sich so elend, trotz der Medikamente. Ich weiß nicht, was ich machen soll."

„Ich habe ein paar Vorschläge für Sie. Als Erstes kümmern Sie sich um die Besuche und Anrufe. Sie müssen nicht einfach jeden zu ihm lassen", sagte ich. „Seien Sie resolut. Wenn Sie jeden hereinlassen, wird Sie das nur mürbe machen, weil Sie zu jedem nett sein wollen. Ihre Freunde werden dafür Verständnis haben."

Dann wandte ich mich an Brad. „Machen Sie sich auf eine anstrengende Therapie gefasst. Sie werden jede Menge schwieriger Sachen machen müssen, wenn Sie wieder laufen lernen wollen. Haben Sie Geduld, denn es wird lange dauern."

Ich stockte kurz und lächelte beinahe bei dem Gedanken daran, dass ich einmal selbst in exakt der gleichen Situation steckte. „Lassen Sie die Leute wissen, wo es schmerzt und wie sie Ihnen helfen können – vor allem die Menschen, denen Sie vertrauen. Nur so können sie wirklich etwas für Sie tun. Lassen Sie sie für Sie beten. Sie haben eine ganze Reihe von netten Besuchern, die Ihnen vielleicht einen Kuchen bringen, etwas für Sie kochen oder Ihnen einen Wunsch erfüllen würden. Geben Sie ihnen die

Gelegenheit, ihre Freundschaft und Liebe zu Ihnen in die Tat umzusetzen."

Ich redete noch ein paar Minuten weiter, dann stand ich auf um zu gehen. Ich gab Brad und seiner Frau meine Telefonnummer. „Rufen Sie mich an. Wenn Sie morgens um drei immer noch nicht schlafen können oder wenn Sie wütend sind, rufen Sie mich einfach an. Ich werde Ihnen zuhören. Ich werde Sie verstehen, weil ich weiß, wovon Sie sprechen."

Bevor ich ging, sagte Brad noch zu mir: „Ich kann Ihnen gar nicht sagen, wie dankbar ich für Ihren Besuch bin. Mit jemandem zu reden, der diesen Schmerz kennt, das ist schon eine große Hilfe. Sie sind der erste Mensch, der versteht, was es heißt, rund um die Uhr Schmerzen zu haben."

„Das war zwar nicht mein ursprünglicher Plan – Menschen zu besuchen, die dasselbe durchmachen wie ich –, aber ich tue das gerne", sagte ich. „Ich möchte Ihnen helfen, aber Sie müssen sich auch überwinden und mich anrufen. Versuchen Sie nicht, das mit sich alleine auszumachen."

Brads Frau brachte mich noch zum Auto. „Er hat das gebraucht", meinte sie. „Vor anderen Leuten will er immer stark sein und zuversichtlich wirken. Aber in den einsamen Momenten ist er frustriert und kann seine Gefühle nicht länger beherrschen, er bricht dann regelrecht zusammen. Ich habe mir echt Sorgen gemacht. So habe ich ihn noch nie erlebt."

„Ich weiß noch, wie meine Frau nach einem anstrengenden Arbeitstag tagtäglich zu mir ins Krankenhaus kam und dort den ganzen Abend mit mir verbrachte", sagte ich. „Seien Sie geduldig mit ihm. Er wird sich wieder erholen."

Ich erzählte ihr, wie meine Frau einmal versucht hatte, mich aufzumuntern, als es mir besonders schlecht ging. „Sei nicht so ungeduldig. Du kommst schon wieder in Ordnung."

Ich war sofort auf 180. „Wieso glaubst du, ich käme wieder in Ordnung? Wie groß sind wohl meine Chancen? Niemand kann mir das sagen. Niemand kann mir das versprechen!"

Ich muss es Eva zugute halten, dass sie sich auf keinen Streit einließ. Sie umarmte mich einfach nur. Mir waren die Tränen gekommen.

Nachdem ich Brads Frau davon erzählt hatte, sagte ich zu ihr: „Nehmen Sie es nicht persönlich, wenn er Sie anschreit oder Ihnen Vorwürfe macht. Er meint nicht Sie, sondern seinen Frust und seinen Schmerz." Ich gab ihr die Hand und ermahnte sie ein letztes Mal: „Erinnern Sie Brad daran, mich anzurufen. Und Sie können mich auch jederzeit anrufen, wenn Sie mich brauchen."

Danach sah ich Brad noch vier, fünf Mal. Wochen später, als er schon mit seinem Rollator das Haus verlassen konnte, entdeckte ich ihn einmal in einem Restaurant. Ich ging zu seinem Tisch und setzte mich zu ihm. „Wie geht es Ihnen?", fragte ich.

„Es geht mir gut, wirklich gut." Er dankte mir nochmals dafür, dass ich ihn an einem seiner Tiefpunkte besucht hatte. Noch immer war er nicht in bester Verfassung, aber die Heilung machte Fortschritte. Als er meine Hand nahm und lange hielt, verstand ich, dass das seine Art war, das Gefühl der Dankbarkeit auszudrücken, das er nicht in Worte fassen konnte.

Ich war Gott dankbar, dass ich Brad in dieser schweren Phase seines Lebens hatte helfen können.

Etwa zwei Jahre nach meinem Unfall erfuhr ich, dass Chad Vowell einen schweren Autounfall gehabt hatte. Chad war ein sehr talentierter Fußballer gewesen, und bis er an die Uni ging, hatte er etwa ein Jahr lang in der Jugendarbeit unserer Gemeinde mitgeholfen. Seine Eltern gehörten zu den engagiertesten Leuten unserer Gemeinde. Seine Mutter Carol war eine von denjenigen, die extra zu mir ins Krankenhaus gekommen waren, um einige Jugendfreizeiten zu planen. Ich hatte zu dieser Zeit nicht viel dazu beitragen können, aber es ging ihnen auch eher darum, mir das Gefühl zu vermitteln, weiterhin gebraucht zu werden.

Als ich Carol anrief, hatte ich keine Vorstellung davon, wie schwer der Unfall gewesen war. Doch dann sagte sie: „Sein Unterschenkel ist zerquetscht worden, er trägt jetzt einen Fixateur."

Ich brauchte nur das Wort „Fixateur" zu hören, schon war mir klar, dass ich Chad besuchen musste, unbedingt. Ich wäre ohnehin zu ihm gegangen, weil er zu meiner Gemeinde gehörte, aber das Wort „Fixateur" verlieh dem Ganzen eine besondere Dringlichkeit.

Als ich in sein Zimmer kam, lag Chad völlig niedergeschlagen in seinem Bett und wollte offenkundig nicht mit mir reden. So kannte ich ihn gar nicht. Er war sonst immer froh, mich zu sehen, und strahlte mich an. Diesmal begrüßte er mich nur knapp und machte keine Anstalten, ein Gespräch mit mir zu beginnen.

„Geht es dir gut? Wirst du das durchhalten?", fragte ich und warf einen Blick auf sein Bein. „Wie ich sehe, hast du einen Fixateur bekommen."

„Ja, stimmt", sagte er.

„Chad, erinnerst du dich noch an meinen Unfall? Ich habe damals auch so ein Teil bekommen."

„Wirklich?", fragte er. Sein Interesse war geweckt. Ich wusste nicht, ob er mich nie mit der Metallapparatur gesehen oder es einfach wieder vergessen hatte. Ich beugte mich vor und sagte: „Denk immer daran: Ich weiß genau, wie es sich anfühlt, so ein Teil zu tragen."

Ich konnte mit diesem jungen Mann reden, seine Hand halten und mit ihm beten, und zwar so, dass er verstand, dass ich seine Situation genauso gut kannte wie er selbst. Zum ersten Mal bekam er eine Ahnung davon, was ihm noch für Anstrengungen und Behandlungen bevorstanden. Bis dahin war es ihm wie mir ergangen: Niemand konnte ihm etwas Genaues sagen. Und wie ich damals, war auch er deshalb wütend und niedergeschlagen.

„Der Schmerz wird noch lange bleiben, und du wirst den Eindruck haben, dass es nie besser wird, aber das wird wieder heilen", versicherte ich ihm. „Denk immer daran: Es wird dir wieder besser gehen."

Und so kam es auch.

~

Eine Woche vor ihrem 39. Geburtstag verlor Joyce Pentecost den Kampf gegen den Krebs. Ich hatte sie sehr lieb gehabt. Sie war mit Evas Bruder Eddie verheiratet gewesen und hinterließ zwei wunderbare Kinder: Jordan und Colton.

Joyce war einer der quirligsten Menschen, die mir je begegnet sind; sie war eine leidenschaftliche Sängerin und brauchte einen Raum nur zu betreten, schon hellte sich die Stimmung auf. Wenn sie sang, dann aus voller Kehle.

Es war mir eine Ehre, bei ihrem Gedächtnisgottesdienst zu sprechen. Mehr als 600 Menschen waren gekommen. Joyce hatte mehrere CDs mit christlicher Musik aufgenommen – das, was sie uns hinterlassen hatte. An jenem sonnigen Tag hörten wir zu, wie Joyce bei ihrer eigenen Trauerfeier sang.

Nachdem wir einige Lieder von diesen CD's gehört hatten, sprach ihr Vater, Pastor Charles Bradley, einige hoffnungsvolle Worte. Er sagte der Menge:

„Vor vielen Jahren schlossen Joyce und ich einen Vertrag. Sollte ich zuerst sterben, würde sie auf meiner Beerdigung singen. Und sollte sie vor mir sterben, würde ich auf ihrer Beerdigung sprechen. Heute erfülle ich das Versprechen, das ich meinem kleinen Mädchen gegeben habe."

Dieser Moment ist mir noch gut in Erinnerung. Die Tränen flossen zahlreich, aber nicht aus Wut oder Hoffnungslosigkeit.

Nachdem Joyces Vater seine Predigt beendet hatte, war ich mit meiner Ansprache an der Reihe.

„Einige von euch fragen sich vielleicht: ‚Wie konnte Joyce nur sterben?'", sagte ich. „Aber meiner Meinung nach lautet die viel bessere Frage: ‚Wie hat sie gelebt?' Sie hat gut gelebt. Sie hat ein sehr gutes Leben gelebt."

Ich erzählte der Trauergemeinde, dass Joyce wie ein Komet über den Horizont des Lebens gezogen war. Sie hatte es aus vollen Zügen genossen, andere glücklich zu machen. Sie war eine treue Freundin, eine perfekte Tochter, eine liebevolle Tante, eine gute Schwester, eine liebende Mutter und wunderbare Ehefrau gewesen. Ich gestand freimütig, dass auch ich keine Antwort auf die Frage wusste, die vielen der Anwesenden das Herz brach: Warum?

„Wo es keine Antworten gibt, gibt es immer noch Trost", erklärte ich. „Joyce glaubte ganz fest daran, dass sie nach ihrem Tod sofort bei Gott sein würde. Und solange sie lebte, war sie gewiss, dass Gott an ihrer Seite war. Das war die Grundlage ihres Lebens.

Und das kann auch die Grundlage für uns sein, mit unserem Leben weiterzumachen."

Zuletzt erzählte ich noch von einer ganz persönlichen Erinnerung. Mein letztes Gespräch mit Joyce vor ihrer Entlassung aus dem Krankenhaus drehte sich um den Himmel. Sie konnte gar nicht genug von den Erzählungen über meinen Ausflug in den Himmel bekommen. Wir sprachen über die Engel, das Tor zum Himmel und unsere Lieben. Joyce wollte immer, dass ich ihr die Musik beschrieb, so auch bei unserem letzten Gespräch.

Dann sagte ich der versammelten Menge: „Vor ein paar Tagen erst, so stelle ich es mir jedenfalls vor, saß Gott hinter diesem Tor und sagte zu seinen Engeln: ‚Was uns noch fehlt, ist ein Rotschopf mit einer guten Sopranstimme.'

‚Wie wär's mit Joyce Pentecost?', meinten die Engel.

Also rief Gott unsere Joyce zu sich, und sie hörte auf diesen Ruf. Jetzt singt sie gemeinsam mit den Engelschören. Ihren Körper hat sie hier zurückgelassen, weil sie jetzt beim Herrn ist."

Ich beendete meine Ansprache mit einer Frage: „Kann man jemanden verlieren, wenn man weiß, wo er ist?"

Ich war 38, als ich in den Trümmern meines Autos starb. Als bei Joyce der Krebs festgestellt wurde, war sie genauso alt wie ich damals. Ich überlebte diese Prüfung, Joyce nicht. Aber eines weiß ich: Weil ich den Himmel erleben durfte, war ich in der Lage, sie und ihre Lieben auf ihren Tod vorzubereiten.'

~

Seit meinem Unfall habe ich mir oft gewünscht, mich hätte damals jemand besucht, der diese leidvolle, langwierige Erfahrung mit einem Fixateur schon hinter sich hatte. Ich bin mir sicher, das hätte mir viele meiner Ängste genommen.

Wann immer ich von Leuten höre, die sich mit einem Fixateur herumplagen müssen, versuche ich in Kontakt mit ihnen zu treten. Wenn ich mit Patienten rede, denen eine lange Krankheitszeit bevorsteht, versuche ich absolut ehrlich zu sein. Es gibt keine Abkürzung dieser schweren Zeit, und das sollten sie wissen. Weil ich selbst eine schwere Zeit hinter mir habe, kann ich ihnen sagen (und hören sie mir zu), dass es vielleicht sehr lange dauert, aber dass es ihnen irgendwann wieder besser gehen wird.

Meine Besuche bei Chad, Brad und all den anderen erinnern mich daran, dass Gott hier auf der Erde noch etwas mit mir vorhat. Nach dem Unfall, als ich so viele Schmerzen durchmachen musste, sehnte ich mich manchmal nach dem Himmel zurück. Wenn ich zurückschaue, sehe ich, dass meine persönlichen Erfahrungen, die ich mit anderen teilen konnte, dafür gesorgt haben, dass ich wieder mit beiden Beinen auf der Erde stehen kann. Schließlich konnte ich sagen: „Wenn Gott mich eines Tages zu sich ruft, wird er mich von meinen Aufgaben hier freistellen." Bis dahin werde ich versuchen, anderen so viel Trost wie möglich zu geben.

Vielen Unfallopfern ergeht es so, wie es mir ergangen ist: Wenn sie das erste Mal den Fixateur an ihrem Bein sehen, und vor allem, wenn die Schmerzen anfangen und sie sich nicht mehr bewegen können, dann verfallen sie in Depressionen. Sie können sich nicht vorstellen, wie es weitergehen soll. Auch wenn die Ärzte ihnen Mut machen: Die Schmerzen sind viel zu stark, als dass die Worte der Ärzte irgendwas bewirken könnten.

Manchmal begegne ich aber auch Patienten mit unrealistischen Erwartungen, die mir erzählen: „Das habe ich bald überstanden."

„Sie werden das vielleicht überstehen, aber sicher nicht so bald", sage ich dann. „Das ist eine langwierige Angelegenheit, und es gibt keine Möglichkeit, die Sache zu beschleunigen. Es gibt da kein Hintertürchen. Sie müssen sich mit dieser neuen Situation arrangieren."

Ich könnte noch mehr Geschichten erzählen, aber das waren die Erfahrungen, die mir am meisten geholfen haben, meinen Weg durch jene schwierige Zeit zu finden. Ich habe wieder einen Sinn darin entdeckt zu leben. Ich sehne mich immer noch nach dem Himmel, das ist wahr, aber bis auf weiteres ist mein Platz hier auf der Erde. Ich habe hier noch eine Aufgabe zu erfüllen …

16 Sehnsucht nach zu Hause

Eine meiner Lieblingsgeschichten handelt von einem kleinen Mädchen, das einmal das Haus verließ, ohne seiner Mutter Bescheid zu sagen. Als die Mutter merkte, dass ihre Tochter nicht da war, machte sie sich sofort Sorgen, dass dem Kind etwas zugestoßen sein könnte. Sie ging nach draußen auf die Veranda und rief mehrmals laut nach dem Mädchen.

Plötzlich kam das Mädchen aus dem Nachbarhaus gelaufen. Die Mutter schloss sie in die Arme und erzählte, dass sie sich Sorgen gemacht hatte. Schließlich fragte sie: „Wo hast du denn eigentlich gesteckt?"

„Ich war nebenan bei Mr Smith."

„Weswegen warst du denn bei ihm?"

„Seine Frau ist gestorben und er ist sehr traurig."

„Ach, das tut mir aber leid. Das wusste ich gar nicht", erklärte die Mutter erschrocken. „Und was hast du dort gemacht?"

„Ich hab ihm beim Weinen geholfen."

Diese kleine Geschichte beschreibt genau das, was ich tue. Indem ich meine schwierigen Erfahrungen mit anderen teile, helfe ich denen, die Ähnliches durchmachen müssen, beim Weinen.

Ich habe auch den Grund entdeckt, weshalb ich überhaupt in der Lage bin, andere zu trösten, die dem Tod ins Auge sehen oder einen geliebten Menschen verloren haben: Ich habe das auch erlebt.

Ohne den geringsten Zweifel weiß ich, dass es den Himmel tatsächlich gibt. Er ist realer als alles, was ich in meinem Leben erlebt habe. Manchmal sage ich: „Denk an das Beste, was dir je passiert ist, dann an das Schlimmste, das dir je passiert ist, und dann an alles, was dazwischen liegt. Der Himmel ist realer als alle diese Dinge."

Seit meiner Rückkehr auf die Erde ist mir bewusst geworden, dass wir uns alle auf einer Reise befinden. Wenn unser Leben hier auf der Erde zu Ende geht, wird dieses neue Leben so viel realer sein als das Leben, das wir jetzt leben. Vor meinem Unfall habe ich nie über so etwas nachgedacht. Ich habe schon irgendwie an den Himmel geglaubt, aber mir nie nähere Gedanken darüber gemacht.

In den Jahren nach meinem Unfall musste ich öfter an die letzte Nacht denken, die Jesus mit seinen Jüngern im Garten Gethsemane verbracht hat, kurz vor seiner Kreuzigung. Nur wenige Stunden, bevor er seine Reise in den Himmel antrat, saß er mit seinen engsten Freunden in einem Raum zusammen. Er bat sie, nicht besorgt zu sein und ihm zu vertrauen. Dann sagte er ihnen, dass er sie verlassen würde und ergänzte: „Im Haus meines Vaters gibt es viele Wohnungen, und ich gehe jetzt hin, um dort einen Platz für euch vorzubereiten. Sonst hätte ich euch doch nicht mit der Ankündigung beunruhigt, dass ich weggehe. Und wenn ich gegangen bin und euch den Platz vorbereitet habe, dann werde ich zurückkommen und euch zu mir holen, damit auch ihr seid, wo ich bin" (siehe Johannes 14,2–3).

Mir war das früher nie aufgefallen, aber Jesus benutzt hier zweimal das Wort „Platz" – er spricht also von einem bestimmten Ort. Ich muss oft daran denken. Es ist im wörtlichen Sinne ein Ort, und ich kann bezeugen, dass ich diesen Ort kenne. Ich bin dort gewesen. Es gibt den Himmel wirklich.

Seit meinem Unfall ist mein Leben viel tiefer geworden. Nach einem Jahr im Krankenhaus wird das wohl jedem so gehen, aber bei mir kam noch etwas dazu: Meine 90 Minuten im Himmel haben so viel Eindruck auf mich gemacht, dass ich nicht länger derselbe Mensch wie früher sein kann.

Ich habe mehr Schmerzen erlitten, als ich es vorher für möglich hielt, und ich lebe immer noch und kann davon erzählen. Trotz all der wahnsinnig starken Schmerzen, die ich durchgemacht habe, ist mir die Realität des Himmels viel, viel gegenwärtiger als das Leid und alles Schwere.

Weil ich jemand bin, der immer irgendetwas machen muss und selten einen Gang zurückschalten kann, hatte ich oft das Gefühl, ich müsste mich dafür rechtfertigen, dass ich bestimmte Dinge nicht tun kann. Wenn ich komplett angezogen durch die

Gegend laufe, kämen die meisten Leute nie darauf, welche Verletzungen ich erlitten habe. Die Narben sind dann ja nicht zu sehen. Wenn ich aber irgendetwas tun soll, das mein Körper einfach nicht mitmacht (und die Leute sind oft überrascht, wie simpel viele solcher Dinge sind), werde ich manchmal verwundert angeschaut.

„Sie sehen doch ganz gesund aus", wurde mir dann schon öfter gesagt. „Was ist denn eigentlich Ihr Problem?"

Manchmal, wenn ich hinter jemandem die Treppe hinabgehe – jedes Mal eine schwierige Angelegenheit für mich –, hört derjenige meine Knie knirschen und dreht sich erschrocken um. „Machen Sie dieses schreckliche Geräusch?"

„Ja", sage ich dann und lächle. „Klingt ganz schön beknackt, was?"

Ich komme besser zurecht, als andere je gedacht haben. Aber ich weiß, dass mir ziemlich enge Grenzen gesetzt sind – auch wenn es nicht danach aussieht. Ich gebe mir Mühe, möglichst normal zu gehen, denn ich möchte kein Aufsehen erregen. Ich habe schon genug komische Blicke abbekommen, als ich noch meinen Fixateur mit mir herumschleppte.

Indem ich versuche, möglichst normal auszusehen und zu leben, lerne ich mit meinen Beeinträchtigungen umzugehen. Ich habe herausgefunden, dass ich nicht mehr an meine Schmerzen denke, wenn ich genug anderes zu tun habe – vor allem, wenn ich anderen helfe. Ich bin fest entschlossen, damit weiterzumachen, bis es eines Tages nicht mehr geht.

Ich glaube, mein Begrüßungskomitee im Himmel wartet immer noch da oben am Tor auf mich. Für die Menschen dort vergeht ja keine Zeit. Alles findet „ewig" statt – das kann man mit Worten kaum erklären. Selbst wenn es noch zehn Jahre dauert, oder dreißig, bis Gott mich zu sich holt: Im Himmel wird gerade ein Augenblick vergangen sein, wenn ich wiederkomme.

Es war an jenem Morgen, als ich von der Pastorenkonferenz nach Hause fuhr, nicht meine eigene Entscheidung, in den Himmel zu kommen. Die einzige Wahl, die ich je hatte, bestand darin, dass ich Jesus Christus mein Leben gegeben und ihn als meinen persönlichen Erlöser angenommen habe. Obwohl ich das nicht verdient habe, erlaubte er mir, zu sich in den Himmel zu kommen, und ich weiß: Wenn ich das nächste Mal dort bin, werde ich bleiben.

Ich wünsche mir nicht den Tod. Ich bin nicht lebensmüde, aber trotzdem denke ich jeden Tag daran, wie meine Rückkehr sein wird. Ich sehne mich danach. Und ich weiß mit absoluter Sicherheit, dass ich zu der von Gott bestimmten Stunde tatsächlich zurückkehren werde. Ich genieße jetzt schon die Vorfreude und kann es kaum noch erwarten. Ich habe keine Angst vor dem Tod. Warum sollte ich auch? Es gibt dort im Himmel nichts zu befürchten, sondern nur Freude.

Wie ich schon gesagt habe: Lange Zeit konnte ich nicht akzeptieren, dass Gott mich auf die Erde zurückgeschickt hat. Aber selbst in meiner größten Enttäuschung wusste ich, dass bei Gott nichts Sinnloses passiert. Meine Stippvisite im Himmel und meine Rückkehr auf die Erde hatten einen Sinn. Schließlich verstand ich irgendwann, dass Gott mir eine ganz besondere Erfahrung geschenkt und mir einen Vorgeschmack auf die Ewigkeit geschenkt hatte.

Insgesamt 34 Operationen und jahrelange Schmerzen haben mir geholfen, besser zu verstehen, was Paulus den Leuten in Korinth geschrieben hat: „Gepriesen sei der Gott und Vater unseres Herrn Jesus Christus! Er ist ein Vater, dessen Erbarmen unerschöpflich ist, und ein Gott, der uns nie verzweifeln lässt. Auch wenn ich viel durchstehen muss, gibt er mir immer wieder Mut. Darum kann ich auch anderen Mut machen, die Ähnliches durchstehen müssen. Ich kann sie trösten und ermutigen, so wie Gott mich selbst getröstet und ermutigt hat" (siehe 2. Korinther 1,3–4).

Solange ich hier auf der Erde bin, hat Gott eine Aufgabe für mich. Weil ich das weiß, kann ich die Schmerzen aushalten und mit meinen körperlichen Macken leben. In meinen dunkelsten Augenblicken erinnere ich mich an einen Vers aus einem alten Lied: „Wenn wir nur Jesus sehen, hat sich alles gelohnt."

Davon bin ich zutiefst überzeugt.

17
Die Frage nach dem Warum

Einmal erzählte ich vor einer großen Versammlung meine Geschichte. Meine Schwiegereltern, Eldon und Ethel Pentecost, waren auch anwesend. Diese beiden waren in der Zeit nach meinem Unfall eine sehr große Unterstützung für mich und meine Familie.

Nach dem Gottesdienst gingen wir noch zu ihnen. Irgendwann waren mein Schwiegerpapa und ich alleine, und er gestand mir: „Als du das erste Mal von deiner Reise in den Himmel erzählt hast, hat mich das ganz schön wütend gemacht."

Davon hatte ich überhaupt nichts mitbekommen!

„Du hast damals gesagt, du wolltest nie wieder auf die Erde zurück."

Ich nickte bloß, ich hatte keine Ahnung, worauf er hinaus wollte.

„Zu der Zeit habe ich das nicht verstanden, aber jetzt schon. Wenn ich heute höre, wie du von der Schönheit des Himmels erzählst, verstehe ich ein bisschen besser, warum du dir gerne eine kleine Auszeit von meiner Tochter und meinen Enkelkindern nehmen wolltest. Du weißt einfach (und du weißt es wirklich, nicht wahr?), dass sie eines Tages wieder mit dir zusammen sein werden. Stimmt's?"

„Ohne jeden Zweifel", antwortete ich.

Eldons Bemerkung hatte mich auf dem falschen Fuß erwischt. Er hatte natürlich recht. Ich hatte das seltene Vorrecht, meine Kinder selbst zu taufen und auch bei der Taufe meiner Frau anwesend zu sein. Ich wusste, dass auch sie eines Tages im Himmel wohnen würden. Dass ich von ihnen getrennt war, war mir im Himmel gar nicht bewusst gewesen. Die Menschen im Himmel wissen gar nicht, wer nicht dort ist. Aber sie wissen, wer noch kommt.

Auch heute noch kann ich ehrlich zugeben, dass ich am liebsten im Himmel geblieben wäre. Aber meine Zeit war noch nicht gekommen. Wenn ich damals gewusst hätte, dass mir eine Woche auf der Intensivstation, ein Jahr im Krankenhaus und 34 Operationen bevorstehen, hätte ich sicher noch weniger Lust gehabt, den Himmel wieder zu verlassen.

Aber es lag ja nicht in meiner Macht. Und so kehrte ich also zurück auf die Erde – in das Autowrack und zu der Stahlschere, die mein zerquetschtes Auto zerlegte.

~

Eine Frage lässt mir keine Ruhe: Warum? Diese Frage gibt es in verschiedenen Variationen:

Warum musste ich in dem Autowrack sterben?

Warum hatte ich das einzigartige Vorrecht, in den Himmel zu kommen?

Warum durfte ich den Himmel sehen, wurde aber wieder zurückgeschickt?

Warum wäre ich im Krankenhaus beinahe gestorben?

Warum lässt Gott zu, dass ich seit dem 18. Januar 1989 unter ständigen Schmerzen lebe?

Die Antwort fällt kurz aus: Ich weiß es nicht. Von Natur aus sind wir Menschen neugierig, wir wollen einfach alles wissen.

Ich weiß immer noch nicht, warum solche Dinge passieren. Aber ich weiß, dass Gott in den schwersten Stunden meines Lebens an meiner Seite ist.

Außer der Frage nach dem Warum gibt es noch andere Fragen. Ich denke, für mich sind sie sogar noch wichtiger:

Wollte Gott, dass ich solche Schmerzen erfahre, damit ich die Schmerzen anderer verstehen kann?

Wollte Gott, dass ich verstehe, wie real der Himmel ist?

Was wollte Gott mir klarmachen mit diesen Erfahrungen, mit meinem Tod und meiner langen Genesungszeit?

Wie kann meine Erfahrung anderen Menschen weiterhelfen?

Selbst heute, nach vielen Jahren, habe ich auf die meisten dieser Fragen keine Antwort. Ja, ich habe ein paar Lektionen gelernt und weiß heute, dass Gott mich nicht ohne Grund auf dieser Erde sein lässt. Aber auch wenn ich keine befriedigenden Antworten kenne, so habe ich doch Frieden in mir. Ich weiß, wo Gott mich haben will. Ich weiß: Ich tue genau das, was Gott mir aufgetragen hat.

Es gibt eine Geschichte im Johannes-Evangelium, die mich immer wieder tröstet: Ein von Geburt an blinder Mann begegnet Jesus und wird geheilt. Danach zieht er durch die Gegend und lobt Gott. Aber den religiösen Führern, die das Volk gegen Jesus aufhetzen wollen, ist seine Heilung ein Ärgernis. Sie setzen den Mann unter Druck, damit er sagt, Jesus sei ein Sünder (also ein Betrüger). Der Mann reagiert sehr weise: „‚Ich weiß nicht, ob dieser Jesus ein Sünder ist‘, erwiderte er. ‚Aber eins weiß ich: Ich war blind, und jetzt kann ich sehen!‘" (siehe Johannes 9,26).

Vielleicht gibt es auch Menschen, die meinem Bericht nicht glauben, aber ich muss mich nicht verteidigen. Ich kann mich noch sehr gut daran erinnern, was ich erlebt habe. Für diejenigen von uns, deren Glaube uns die Realität des Himmels zeigt, braucht es keine Beweise.

Ich glaube, dass Gott mir einen kleinen Vorgeschmack auf das gegeben hat, was uns in der Ewigkeit erwartet.

Hier bin ich, und ich lebe. Ich lebe, weil Gottes Aufgaben für mich auf der Erde noch nicht alle erledigt sind. Wenn Gott mit mir fertig ist, werde ich an den Ort zurückkehren, nach dem ich mich sehne. Ich habe mir schon einen Platz im Himmel reserviert, und eines Tages werde ich dort sein – für immer.

Ich bete, dass ich dir dort auch begegnen werde.

⋯ Geschichten, die das Leben schreibt.

Irene Dunlap:
Die perfekte Welle
Wahre Geschichten
für Teens

Taschenbuch, 160 Seiten
Bestell-Nr. 816 120

Liebeskummer, Stress in der Schule, Zoff mit den Eltern – willkommen im wahren Leben! In dem ganzen Trubel kann schon mal die Frage aufkommen, ob es einen Gott gibt, was er sich bei all den Schwierigkeiten im Leben denkt und ob man ihm wirklich vertrauen kann.

Die gute Nachricht dieses Buches ist: Ja – auch wenn manchmal alles ganz anders läuft, als du es dir vorgestellt hast. Du findest in diesem Buch 25 tatsächlich erlebte Geschichten von Teens, die auf ganz unterschiedliche Weise erlebt haben, dass Gott wirklich da ist und man ihm sein Leben anvertrauen kann. Und dass letztlich doch noch alles gut wird, weil er den ganz großen Überblick hat. Echt, inspirierend und Mut machend!